www.tredition.de

AF176858

Frank Weniger

2027

Die Smartapokalypse

www.tredition.de

© 2018 Frank Weniger

Verlag und Druck: tredition GmbH, Hamburg

ISBN
Paperback: 978-3-7469-1513-5
Hardcover: 978-3-7469-1514-2
e-Book: 978-3-7469-1515-9

Inhalt

Vorwort

Eigentlich hätte ich dieses Buch nicht schreiben können. Die Prognose für mein Leben war eine andere. Vor drei Jahren wurde bei mir ein Hirntumor festgestellt. Es verbietet sich, Vergleiche zu anderen Tumoren zu ziehen – Krebs ist furchtbar. Von der WHO, von der Weltgesundheitsorganisation, wird der Tumor als unheilbar eingestuft.

Mit Operation, wenn sie gut ginge, noch etwa ein Jahr, maximal eineinhalb Jahre.

Was tun?

Aufräumen – das war das Einzige, was ich tun konnte. Alles andere lag in den Händen der Ärzte. Aufräumen mit dem Leben. Zum Abschließen hatte ich ein Jahr Zeit. Ich war früher Lehrer, jetzt Rektor einer zweizügigen Ganztages-Grundschule, Ehemann, Vater und – wenn's noch so banal klingt – Hausmitbesitzer. Alles musste so aufgeräumt werden, dass nach einem Jahr alles ohne mich weiterlaufen konnte. Ich raffte mich nach der Operation auf, die Schule noch acht Monate zu führen und für die Übergabe vorzubereiten. Ich bemühte mich, Haus, Ehemann und Vater auf die Reihe zu bekommen, was das Organisatorische angeht. Ich war mittlerweile 60 Jahre alt, aber die Diagnose kam dennoch für alle zu früh.

In dieser Zeit kam ich kaum zum Nachdenken – über mich, mein Schicksal, mein Leben. Jedenfalls nicht genug.

Erst an Weihnachten, zehn Monate waren seit der Diagnosestellung und der bald darauf erfolgten Operation vergangen, kam das viel zitierte schwarze Loch. Ich hatte alles "Organisatorische" geregelt.

Was mache ich mit dem "Rest" von zwei, höchstens fünf Monaten, noch?

Manche rieten mir, eine Weltreise zu machen, weil sie wussten, dass ich gerne reise. Andere schlugen vor, mir einfach nur einen Wunsch zu erfüllen! Wünsche gibt es bei einer abrupt endenden Biographie immer.

Grandios, wie sich das Klischee vom bald Sterbenden erfüllte. Mit guten Ratschlägen wurde ich nur so überhäuft!

Nichts von alledem. Ich war zeitlebens ein engagierter Mensch, und wollte mich nicht heimlich, still und leise aus dem Staub machen. Ich war, so lange ich weiß, ein lebensbejahender Mensch, der auch für seine Ansichten einstand. Es gab keinen Grund, dies aufzugeben. Nur die Form änderte sich: Schriftlich statt mündlich. Auf das motorische Sprachareal konnte ich mich nicht mehr verlassen. Das war tumorgeschädigt. Von Zeit zu Zeit streikte es.

Da erinnerte ich mich an eine Erkenntnis aus dem Studium, von René Descartes: "Ich zweifle, also bin ich." Besser bekannt als: "Ich denke, also bin ich."

Der französische Philosoph und Mathematiker René Descartes (1596 – 1650) gilt als Begründer der neuzeitlichen Philosophie. Mit seinem berühmten Ausspruch „Cogito ergo sum" wurde er zu einem der wichtigsten Wegbereiter der Aufklärungsphilosophie.

Ich konnte immer noch denken! Ich hatte auf manche Dinge sogar einen erweiterten Horizont, stellte ich fest. Ich musste nicht immer an die Zukunft denken. Ich konnte einfach drauflos denken und es äußern, ohne zu berücksichtigen, vor wem ich mich hüten müsste. Das gab mir fast grenzenlose Gedankenfreiheit, wie ich sie noch nie hatte. Das wollte ich mir von niemandem nehmen lassen.

Ich fing an, Bücher zu schreiben. Überdies habe ich den Todeszeitpunkt aus den Augen verloren. Prognosen können schiefgehen. Unheilbar genügte. Das ist das Gewisse.

Ich habe mir jedes Mal ein anderes Thema, das ich für wichtig gehalten habe, vorgenommen. Ein autobiographisches, ein verschmitztes für Kinder und eben dieses. Das Buch ist dem Thema gewidmet, das unsere Gesellschaft verändert hat und dramatisch verändern wird: Der Digitalisierung oder der Automatisierung.

Die Digitalisierung wird als gesellschaftsverändernder Komplex verkannt. Wenn es als das erkannt wird, ist es zu spät. Deshalb habe ich das Thema in einer "Tour d'Horizon" aufgeschlüsselt, die wichtigsten Aspekte erörtert, und auf das Jahr 2027 gespiegelt.

Es polarisiert. Es soll provozieren, zum Nachdenken anregen. Es schreckt auf, es soll aber nicht erschrecken.

Vieles ist schon real, man sieht's nur nicht oder man will es nicht wahrhaben. Man macht sich Illusionen.

Die Facebooker oder Youtuber oder so, mögen Milde walten lassen...

1 Glioblastoma multiforme

2027 ist ein Jahr, das ich nicht mehr erleben werde. Schon 2020 werde ich vermutlich nicht mehr erleben.

Warum?

Am 16. Februar 2015 bekam ich die Diagnose "Glioblastoma multiforme", oder Glioblastom, also Hirntumor. Unheilbar. WHO-Stufe IV. Überlebenszeit ca. 15 Monate.

Das saß. Der Professor, der es mitgeteilt hatte, hatte keine Umschweife um seine Einschätzung gemacht.

Gewiss, der Tumor war sehr heimtückisch, sehr aggressiv, sehr groß und bislang ist kein Kraut gegen ihn gewachsen. In der Retorte gibt's auch nichts, was heilt, nur um wenige Monate lebensverlängernde Maßnahmen.

Nun hat der Professor einen fiktiven Termin für das Ableben genannt. Die meisten Menschen sterben in diesem Zeitraum. Das Datum als fixen Termin zu nehmen, zeugt von seiner wenig einfühlsamen, selbstherrlichen Weise, diese Botschaften zu vermitteln. Gut, man darf ihm zugutehalten, er ist Neurochirurg und kein Psychologe. Und als Neurochirurg darf man alles behaupten, was durch Statistiken gedeckt ist.

Die Spanne geht von wenigen Monaten bis zu zehn Jahren. Wie immer konzentriert sich alles in der Anfangsphase. Etwa 70 Prozent sterben in der Zeit von 15 Monaten und nur sehr wenige schaffen es lange darüber hinaus.

Also, kann man dem Professor keine Falschaussage nachsagen. Höchstens hatte er sich in meinem Falle verschätzt. Das kann vorkommen. Auch Ärzte sind nur Menschen.

Apropos Menschen: Er scheint es nur vergessen zu haben, dass er es mit diesen zu tun hat. Man raubt diesen Menschen nicht Knall auf Fall allen Lebensmut, indem man quasi einen fiktiven Todeszeitpunkt festlegt, wenngleich es Hoffnung gibt – und wenn sie noch so klein sein sollte – dass man länger lebt. Wer an seinem Leben hängt, der hängt an jedem Monat.

Die Professoren tun sich schwer damit, die Botschaft zu überbringen – zugegeben. Manche reden davon, dass man immer noch von einer Heilung ausgeht.

Im digitalen Zeitalter sind die Menschen wissender, als früher, als man ein X für ein U hat vormachen können. Die Menschen wissen oft mit ihren Kenntnissen nichts anzufangen. Aber "Glioblastom Überlebenszeit" kann jeder eingeben und sehen, was die Statistik ergibt. Da steht nichts von "heilbar", sondern nur von unheilbar und von Monaten, bzw., in ganz wenigen Fällen von Jahren. Die medizinische Definition von "heilbar", wenn der Tumor fünf Jahre nicht mehr auftritt, kennt keiner.

Deshalb ist "heilbar" auch nicht glaubhaft, nur ein Trostpflästerchen.

Am besten traf es ein Professor, der es so ausdrückte: "... man weiß nie, wie es kommt." Das ist weise.

Jetzt lebe ich 36 Monate. Am 16. Februar jährt sich mein zweites Leben zum dritten Mal. Die Aussage des Professors, der 15 Monate prognostiziert hatte, ist zynisch.

Also rumsitzen und aufs Ende warten, kann ich nicht.

In der Gegend rumreisen, und immer denken, das ist deine letzte Reise, das würde mich verrückt machen. Jetzt noch mal gehen und wenn ich wieder zu Hause bin, bin ich dem Tod nahe? Vielleicht schon unterwegs? Das Klischee ist mir zu abgegriffen

Das Haus verkaufen, in dem meine Frau und ich gewohnt haben, und in eine Wohnung ziehen, die weniger Arbeit macht – habe ich schon!

Eine Datscha, irgendwo wo's schön ist, erwerben, wohin ich mich zurückziehen kann, wenn mir mal wieder (fast) alle auf den Wecker gehen mit ihrer blöden Fragerei – habe ich schon.

Man muss die Menschen in Schutz nehmen. Es ist meist nicht die Neugier, um rauszuhören, wie lange es noch geht. Es ist viel Anteilnahme dabei. Aber die wird nicht erwidert. Ehrliche Antworten dürfen sie nicht erwarten. Was wollen sie hören? Dass es "gut" geht! Das Dilemma, oder nennen wir es, wie es ist, das Elend eines Glioblastoms ist nie gut.

Die Diagnose ist für mich das einschneidende Ereignis: Es trennt das alte Leben von dem neuen. Meine Zukunft endet in diesen Jahren.

Das "Alte" war gut, soweit ich das beurteilen kann. Arbeiten, Familie, Haus, Urlaub, ein bisschen Politik, ehrenamtliches Engagement.

Das "Neue" ist, außer, dass es kürzer ist, begnadet: Die freie Sicht auf die Dinge zu haben und diese Sicht aussprechen zu können. Das wäre, wenn's nicht so einen tragischen Hintergrund hätte, ein Glücksfall.

Als ehemaliger Lehrer und Rektor, als politisch und ehrenamtlich Tätiger war ich gewohnt, in der Öffentlichkeit zu stehen. Eine Zeitlang wollte ich nichts mehr von der Öffentlichkeit hören. Ich dachte, dass mir diese "Öffentlichkeit" nur schadet.

Mit "Öffentlichkeit" ist nicht nur mein persönliches Umfeld gemeint, auch Trump, Putin, Erdogan, Kim Jong Un, Klimawandel, die Erdzerstörung, Manipulation von Dieselfahrzeugen, die Mär von sauberen Elektrofahrzeugen, die Bundestagswahl, und vieles mehr, zählen dazu.

Also genau genommen, schadet diese geballte Öffentlichkeit allen, nicht nur Onkos, wie mir.

(Onko ist von Onkologie, der Krebsmedizin, abgeleitet. Es ist ein verniedlichender Begriff, den ich mir zugelegt habe, um mit der Krankheit umzugehen.)

Ich dachte, das schade nur mir, indem es mich wegen der Grundbelastung eines "Onkos" aufregt. Dabei ist es grad umgekehrt. Mich könnte das Ganze kaltlassen. Ich werde die Welt noch aushalten. Die Welt wird mich noch aushalten.

Von den Mitmenschen, die es eigentlich aufregen müsste, regt es nur wenige auf.

Die Menschen, die die Zukunft noch vor sich haben, oder die Kinder haben, die noch etwas bewegen müssten, die regt es nicht auf. Auch die meisten Mütter und Väter nicht.

Deshalb habe ich es mir zur Aufgabe gemacht, Szenarien für das alles dominierende Thema, die Digitalisierung, für das Jahr 2027 zu entwerfen. Jeder führt das Wort im Mund, und weiß meist nicht, was damit verbunden ist. Kurz: Alles!

Da bin ich dann sicher nicht mehr da. Ich kann's dann nicht mehr überprüfen, ob es so kommt. Spannend wäre es schon, es noch zu erleben. Ob es noch so lebenswert ist, wie die vergangenen Jahre, sei dahingestellt.

Neun Jahre sind eine lange Zeit im digitalen Zeitalter. Wir erleben momentan die "Vierte Industrielle Revolution" – die vernetzte Digitalisierung und die Fortschreitung der Künstlichen Intelligenz. Sie wird gravierende Folgen ohnegleichen haben.

2 Segen: Wach-OP

Wem ich diesen Glücksfall, die Prognose um etliche Monate überleben zu dürfen, zu verdanken habe?

Dank für die bisherigen 36 Monate Lebenszeit gebührt der Neurochirurgie der Universitätsklinik Tübingen und der Strahlentherapie in Villingen.

Wie kam's dazu?

Der Tumor lag nahe dem Sprachzentrum und hatte schon infiltriert, also es waren schon Tumorzellen in Nachbar-Regionen des Gehirns gestreut. Durch die Nähe zum Sprach-Areal (Broca-Areal) war eine herkömmliche Operation nicht möglich. Die Gefahr, dass man gesunde Hirnzellen erwischt, war zu groß. Bei dieser Konstellation gab es nur eine erfolgversprechende Form zu operieren: die sogenannte Wach-OP. Erfolg ist relativ.

Um dem Professor nicht Unrecht zu tun: Neben seiner rustikalen Form, den Befund zu vermitteln, hat er mir angeboten, dass ich mich in Tübingen vorstelle. In seinem Klinikum könnten sie diese Operation nicht durchführen. Die wird in unserem Raum nur im Klinikum Tübingen durchgeführt.

Allerdings ist diese Form sehr aufwändig. Viele Ärzte und Psychologen sind beteiligt, absolute Hightech-Geräte sind im Einsatz, die modernsten OP-Methoden müssen zur Verfügung stehen und, last but not least, der Patient muss dazu bereit und fähig sein. Bei 40 Prozent der Patienten wird die OP erst gar nicht angesetzt oder abgebrochen.

Ob ich mir das zutrauen würde?

Wenn nicht mir, wem dann? Das mag überheblich klingen, ist es aber nicht. Ich musste immer alles wissen – das gab mir Sicherheit. Ich ging manchen Menschen mit meinem Wissensdrang auf den Wecker. Nun war diese Eigenschaft unbestreitbar mal förderlich. Während der OP wach zu sein, das stillte meinen Wissensdurst.

Der OP geht eine neuropsychologische Testung voraus. Die Testung, ähnlich der eines Sprach-IQ-Tests (IQ=Intelligenzquotient), bescheinigte mir sehr gute Werte (136), aber auch klare Defizite. Der Tumor hatte seine Ableger schon im Sprach-Areal eingenistet.

"Zum Glück" war nur das motorische Sprach-Areal betroffen. Das ist verantwortlich für die Wortbildung und die Aussprache. Vereinfacht ausgedrückt, funktioniert das wie ein Klavier: Das sensorische Sprach-Areal (Wernicke-Areal) versteht und liest die Noten und gibt sie kodiert weiter. Das motorische Sprach-Areal betätigt die Tasten, der Kehlkopf übernimmt die Funktion der Saiten.

Natürlich ist das in Wirklichkeit ein komplizierter Prozess. Aber so ist es zu erklären, dass ich die Noten genau gesehen habe und der Kehlkopf funktioniert hat, aber manche Wörter dennoch nicht richtig ankamen oder ich Wortbilder verwechselt hatte.

Das ist ein feiner Unterschied: Ich konnte "die Noten" zu jeder Zeit sehen. Ich verstand alles – nur hatte ich, z.B.,

Schwierigkeiten, Wörter auszusprechen, die eine Konsonantenhäufung enthielten.

Jeder kennt das: Sie stehen da, und Ihnen fällt das passende Wort nicht ein. Während Sie durch Nachdenken draufkommen, fällt es mir auf die Schnelle nicht ein. Der Sprechfluss ist unterbrochen. Um dies zu vermeiden - auf andere hätte das wie Stottern gewirkt – verwendete ich, unbemerkt vom Gegenüber, ein Synonym, ein Wort von ähnlicher Bedeutung.

Nach dem Grundsatz, was im Gehirn weg ist, kommt nicht wieder, musste ich mir das zum Prinzip machen. Das war anfangs noch etwas holprig. Doch dank eines guten Wortschatzes, gelang das zunehmend besser. Mein Gegenüber wusste ja nicht, was ich eigentlich für eine Wortwahl im Sinn hatte. Mit der Zeit ging es sogar so weit, dass ich mir ein Synonym zurechtlegte und es auch gleich "übte". In Gedanken sprach ich das Wort aus, um zu sehen, wie die Konsonanten hintereinanderkamen und stellte sie mir vor, wie sie klangen.

Dieser Prozess fing schon mit der Mitteilung der Diagnose unbemerkt an und dauert bis heute – verfeinert durch scheinbar gewollte Sprechpausen – an. Verschlimmert, allerdings, durch immer wieder auftretende epileptische Anfälle und Schlaganfälle. Intervalle des Lernens.

Zurück zum Prozedere der Operation.

Die neuropsychologische Testung sollte vor allem dieses leisten: Es wurden standardisierte Begriffe und Sätze durchgegangen, die ich bei der OP klar und deutlich abrufen sollte. Diese Begriffe waren auf Wortkarten aufgemalt und wurden dann auf einem Laptop eingespielt. Was hier nur Alltagsgegenstände auf Wortkarten sind, ist in der Wiedergabe während der OP darüber entscheidend, wie nahe man der Tumorabgrenzung kommt, ohne die anderen Hirnareale zu schädigen.

Mit Kindern habe ich in der ersten Klasse mit solchen Tafeln lesen geübt – jetzt bestimmen ähnliche Karten mein Schicksal.

Daneben wurden noch weitere Voruntersuchungen gemacht, unter anderem ein Funktions-MRT – ein MRT, bei dem man, in der Röhre liegend, sprechen musste.

Ich fühlte mich gut vorbereitet.

Am dritten März 2015 wurde es ernst: Ich wurde in Tübingen stationär aufgenommen. Es wurden noch aktuelle Tests gemacht und am vierten März sollte ich operiert werden.

Vor dem Abholen in den Operationssaal musste ich noch ein Mittel schlucken: 5-Ala. Das wird in jüngerer Zeit eingesetzt, um die Tumorzellen fluoreszierend zu machen. Das Mittel, ungefähr die Menge eines Schnapsglases, reichert sich in den Tumorzellen mehr an, als in gesunden.

Ob ich aufgeregt war? Nein. Oder, wie bei einer Blinddarmoperation. Ich wusste alles, was kam. Ich war programmiert. Ich hatte sogar in der Nacht geschlafen und bin zum Duschen aufgewacht. Ich hatte Vertrauen.

Schläuche, Zugänge, die Haare rasieren auf dem halben Kopf, die Narkosen vorbereiten, u. v. m., alles Routine. Nachdem ich eine Weile geschlafen hatte, sediert, wachte ich, bzw., ließ man mich auf dem OP-Tisch aufwachen. Vor mir die Bildschirme, neben mir die Neuropsychologin, die mein vollstes Vertrauen genoss, hinter mir die Ärzte, hermetisch durch Folien abgetrennt und von verschiedenen Seiten hörte ich Stimmen. Alles sehr vertrauenerweckend abgestimmt. Jeder strahlte eine professionelle und zugleich menschliche Zuversicht aus.

Jetzt kamen die echten Vorbereitungen, man musste schließlich einen Teil des Gehirns freilegen. Zuerst wurde der Kopf festgeschraubt. Eine lokale Narkose, Bohrgeräusche, zwei Schrauben, das war's. Von jetzt an war mein Kopf so etwa sechs Stunden festgezurrt. Vier bis fünf davon war ich wach. Nun musste die Kopfhaut weg. Skalpell und ungefähr von der Mitte des Kopfes bis zum Ohr runter. Der Tumor saß links vorne. Man erklärte mir jeden Schritt – das kam mir sehr entgegen. Ich war Teil der OP, und fühlte mich so.

Selbst, als sie einen Teil der Schädeldecke abnahmen, was, zugegeben, schon etwas seltsame, ungewohnte Sägegeräusche verursachte, gehörte ich dazu! Mit der Psychologin, ich schätzte sie höchstens auf 35, sprach ich in der Vorbereitungsphase pausenlos! Na ja, zuhören gehört zu ihrem Job.

Bis sie den Laptop, der neben mir stand, hochfuhr. Da merkte ich, jetzt wird's ernst. Mein Gehirn musste jetzt frei vor den Ärzten liegen. Es ging los. Der Operationssaal wurde dunkler: Die Tumorzellen fluoreszierten.

Die Psychologin spielte ein Bild ein. Ich musste den Begriff in einem ganzen Satz formulieren – so wie ich es "gelernt" hatte. Es kam mir seltsam vor: "Das ist eine Blume." oder "Das ist ein Haus." Vielleicht 40 bis 50 solcher Sätze sollten über Erfolg und Misserfolg entscheiden.

Einfachste Sätze sollten darüber entscheiden, wie lange meine Zukunft noch dauert.

Hoch konzentriert machte ich meine Arbeit – und das Operationsteam auch! Der leitende Professor, Marcos Tatagiba, war dazugekommen. Ihn hatte ich als ruhig, besonnen und besonders versiert eingeschätzt.

Die Wach-OP beruht darauf, dass die außenliegenden Tumorzellen kurzfristig elektrisch stimuliert werden. Dadurch werden die Zellen, wären es gesunde, für wenige Sekunden "lahmgelegt". Ich dürfte dann, wenn es gesunde Zellen wären, den Satz nicht korrekt wiedergeben. Wenn ich dann in der Lage bin, den Satz vollständig korrekt auszusprechen, wird die stimulierte Stelle im Gehirn markiert. So wird mehr und mehr eine Matrix angelegt, sozusagen eine Grenzlinie zwischen Tumor und gesunden Zellen gezogen. Der Arzt weiß, wo er das Skalpell ansetzen darf, und wo nicht. (Vereinfacht dargestellt)

So kann man annähernd den Tumor eingrenzen. So in der Theorie – wenn alles passt. Man muss es noch einmal betonen: Man "arbeitet" im Gehirn des Patienten auf des Messers Schneide. Im Zentrum des Denkens, Fühlens und Bewegens – bei vollem Bewusstsein. Auch heute verneige ich mich noch und zolle dem Professor, den Doktorinnen und den Doktoren und dem ganzen Team höchsten Respekt, für ihren hohen Sachverstand, die manuelle Präzision und ihre Empathie.

So hat man bei mir einen Tennisball großen Tumor rausgeschnitten. Beim Zumachen des Kopfes wollte ich nicht mehr dabei sein. Nach annähernd fünf Stunden fühlte ich eine gewisse Erschöpfung aber auch eine Erleichterung: Eine Schlacht war geschlagen – der Tumor war gut erwischt worden.

An die nächste Behandlung, die Bestrahlung der infiltrierten Tumorzellen, bzw., des Gebietes, wollte ich noch nicht denken.

Im Dialog mit der Neuropsychologin hatte ich mein Pulver verschossen – mein Kopf war leer. Sie wusste nun mehr von mir, als mir lieb war.

Ich beschloss, zu schlafen.

Die Histologie (Gewebeprobe) musste nun einen detaillierten Aufschluss geben, wie der Tumor strukturiert ist. Es stellte sich u. a. heraus, dass ich einen "methylierten Promotor" habe, der eine Zeitlang das Reparatur-Gen daran hindert, seinen Dienst zu tun. Das Glioblastom speist seine Gefährlichkeit daraus, dass sein Ursprung in der Hirnrinde sitzt. Dem Ursprung ist momentan nicht beizukommen.

Der Tumor wächst nach, sobald die Reparatur-Gene wieder die Verbindungswege hergestellt haben. Deshalb ist es nur eine Frage der Zeit, bis das alles vernichtende Monster wieder zuschlägt. Die Chemotherapie (Temodal) kann es nur bedingt aufhalten. Ich fühle mich, wie eine tickende Zeitbombe.

Mit einem "methylierten Promotor" ist zumindest die Chance vorhanden, einige Monate länger zu leben. Wie lange? Das weiß niemand!

Da fällt mir der Professor, der die Überlebenszeit prognostiziert hat, ein: Wenigstens die Histologie hätte er abwarten können... Menschliche Zurückhaltung wäre angebrachter gewesen, statt den "Halbgott in Weiß" zu geben.

Nach zufriedenen sieben Tagen, ohne Schmerzen, im Krankenhaus wurde ich nach Hause entlassen.

Was nun folgte, war die Radio-Chemotherapie. Mit einem hochmodernen Linearbeschleuniger sollte mein Kopf mit Strahlen beschossen werden, bei gleichzeitiger Unterstützung durch "Temodal", also begleitender Chemotherapie. Das Neue daran ist, dass die Strahlendosis so bemessen werden kann, dass die Tumorzellen gut "beschossen" werden können und die Wirkung kurz darauf nachlässt. Das sieht man an den Haaren: Da wo die Strahlen eingedrungen sind, sind sie nicht wieder gewachsen. Dort wo sie aus dem Kopf ausgetreten sind, sind die Haare nach einiger Zeit wieder gewachsen. Natürlich werden auch gesunde Zellen mitbestrahlt. In den letzten Jahren konnte man durch die Weiterentwicklung der Technik die "Kollateralschäden" deutlich eingrenzen. Was dann noch kam, war die echte Chemotherapie mit Temodal: Die Dosis war drei Mal höher.

Währenddessen hatte ich wieder angefangen zu arbeiten, als Schulleiter einer zweizügigen Grundschule.

Nur acht Monate. Epileptische Anfälle warfen mich zurück. Sie veranlassten mich, die Reißleine zu ziehen. Die Verantwortung war zu hoch. Nicht für mich, für die Schüler. Dazu müsste man sich vorstellen können, wie so ein Anfall aussieht. Für den Patienten ist es weniger schlimm. Der bekommt es erst mit, wenn er wieder zu sich kommt. Ich möchte nicht beschreiben, wie diese 45 Minuten vorübergehen. Erwachsene Zeugen haben mir berichtet. Lebenslänglich. Lebenslang würde das ein Grundschulkind verfolgen.

An Weihnachten 2015 war mein Arbeitsleben beendet.

2017 traten fokale Anfälle auf. Die sind zwar begrenzt, aber die nahmen auf die Schwachstelle, auf das motorische Sprachzentrum, Einfluss. Ich konnte nicht sprechen und schreiben, aber alles verstehen. Ich habe mich immer "aufgerappelt" und konnte nach einiger Zeit meine Sprache – so für den Hausgebrauch – wiedererlangen. Auch 2017 standen noch Schlaganfälle an. Zum Glück nur Schlaganfälle. Kein Rezidiv. Die Symptome waren dieselben: Sprechausfall im Wesentlichen.

Mich davon zu erholen, war etwas schwieriger – aber bloß kein Rezidiv! Das Rezidiv, das Zurückkommen des Tumors, ist die schwarze Wolke am Himmel.

Nach so langer Zeit kein Rezidiv, ist fast wie ein Wunder – dafür nimmt man vieles in Kauf. Die rechtsseitigen körperlichen Ausfälle waren zu verkraften. Das kann man alles wieder trainieren: Das Gehen ohne zu schlurfen, das Sprechen und das Schreiben. Man vertippt sich oft, greift oft zur falschen Taste – was macht das schon.

Das legt sich. Man ist halt eine Weile nicht salonfähig.

Fazit:

Zu keiner Zeit hatte ich Schmerzen. Ausfälle hatte ich, tumorbedingt, fast keine. Die bekannten, die schon vor der Operation da waren. Mit Ausnahme des Ausfalls meiner Haare. Die wuchsen zum Glück wieder deckend und in Originalfarbe nach!

Mein Dank gilt Herrn Professor Marcos Tatagiba, dem Direktor der Tübinger Neurochirurgie. Er hat mich operiert. Ihm verdanke ich sehr, sehr viel. Aber auch seinem ganzen – riesigen – Team. Jeder, der mit mir zu tun hatte, hat es mit einem großartigen Einsatz getan. Ganz besonders gilt dies für die einfühlende Neuropsychologin.

Dank gilt aber auch Herrn Professor Stephan Mose, dem Leiter der Strahlentherapie in Villingen. Wie er die noch vorhandenen Tumorzellen erwischt und meinen Kopf dabei geschont hat, ist grandios. Auch seinem Team habe ich sehr zu danken.

Genauso, wie allen anderen, die sich um meine Gesundheit gekümmert haben, als ging's um ihre eigene. Schwestern, Pfleger, Disponenten, Labore, …, alle, vom Empfang bis zum Abschied aus der Klinik.

Es wurde für mich ein Abschied mit gemischten Gefühlen, nicht nur der Krankheit wegen. Hier fühlte ich mich in Obhut. Keine Öffentlichkeit mit bohrenden Fragen und Institutionen, die Antworten von mir erwarteten, wie es weitergeht.

Die Realität ist viel brutaler, als ich mir das je vorgestellt hatte. Sie nimmt, im Allgemeinen, keine Rücksicht darauf, wie das Schicksal jemanden gebeutelt hat. Eine Erfahrung, die ich erst verdauen musste und muss.

3 Wie kommt's zum Buch?

Woher nehme ich die "Dreistigkeit", mir anzumaßen, 2018 zu wissen, was im Jahre 2027 sein wird?

Es ist keine Dreistigkeit, es ist Neugier. Und es ist auch kein "Wissen", es sind Vermutungen.

Niemand kann das wissen – denn keiner weiß, was in Trumps Hirn vorgeht. Trump ist eine reale Gefahr für 2027 und für jedes Jahr davor. Er ist eine Wundertüte. Niemand kann heute wissen, was morgen geschieht. Er auch nicht.

Aber dazu später.

Es ist die Neugier auf etwas, das ich nicht mehr erlebe. Es sind meine Vorstellungen, die sich aus heutiger Sicht ergeben. Aus der Sicht eines "Onkos". Aus der Sicht von einem, der nichts mehr zu verlieren hat, dem keiner mehr wirklich was anhaben kann.

Von jemandem, der viele mit einem Röntgenblick durchschaut, d. h., die Absichten von jemandem schneller erkennt, weil er sich nicht mehr mit Vordergründigem aufhalten muss. Ich bin nicht mehr darauf angewiesen, mit diesen Menschen zu leben.

Es ist eine Gnade, nicht mehr mit dem leben zu müssen, was die Autoindustrie produziert oder sollte man sagen, fabriziert. Welche Völkermorde in Afrika und anderswo verübt werden oder was unter dem Deckmantel des Islam für Gräuel begangen werden – mal von Trump abgesehen.

Es ist eine Gnade, genau hinschauen zu können, ohne mir ein Hintertürchen aufhalten zu müssen. Keine Denkschranken um irgendjemand zu schonen.

Wenn man auf die Zukunft angewiesen ist, ist das anders.

Man kann die Realität gar nicht in allen Facetten annehmen, denn sonst wird man aller Illusionen beraubt. Der Mensch braucht Illusionen. Die Zukunft braucht Illusionen, sonst ist sie – psychologisch gesehen – unerträglich.

Ich bilde mir ein, ich könne sie sehen, unverfälscht, ungeschönt und ohne Illusionen. Ich muss die Auswirkungen nicht mehr am eigenen Leib spüren.

Nun bin ich aber auch Ehemann, Familienvater und Mitbürger und insofern zerrissen: Müssen die, die ich liebhabe, diese Zukunft ertragen? Zugegeben, es ist nicht alles schlecht! Es lohnt sich, zu leben. Sonst würde ich diese Zeilen nicht schreiben.

Aber, ob das in neun Jahren noch so ist? Ich bin da pessimistisch. Ich sehe keinen nennenswerten Aufstand. Da wo er sein könnte, bei der Jugend und den jungen Erwachsenen, ist er auf jeden Fall nicht. "Karriere und Fun" sind da angesagt. Das gilt nicht für alle, um nicht ungerecht zu sein. Es gilt aber für zu viele.

Von den Gleichaltrigen, also Ü 60, darf man nichts mehr erwarten. Das sind oft die, die mit ihren Stars von Woodstock alt geworden sind, und abrocken in Hallen, mit Sitzbänken, der Bandscheiben wegen, und in Erinnerungen schwelgen. Was waren wir doch für eine toughe Jugend – und den Hit "Hiroshima" (Wishful Thinking) zelebrieren. Mythen aus der Jugend. Vor den Hallen SUVs, Cabrios, Harleys, ...

Und der Rest: Muss arbeiten. Keine guten Aussichten also, für die Zukunft.

Soll ich mir das antun? Ich habe lange mit mir gerungen. Soll ich mich meine letzte Zeit mit Trump und Co auseinandersetzen? Sind nicht gerade die, die es betrifft, aufgefordert? Wenn die das kalt lässt, was soll ich mir dann meine Gedanken machen, wo ich's ohnehin nicht erlebe?

Menschlichkeit. Das klingt provozierend einfach.

Jahrzehnte habe ich mit Kindern und Jugendlichen gearbeitet. Ihnen gilt meine Aufmerksamkeit und Verbundenheit immer noch. Mir liegt nach wie vor an ihrer Zukunft. Ich kann meinem Beruf nicht mehr nachgehen, kann mich nicht mehr für sie einsetzen. Ihnen ist das Buch gewidmet.

Ich brauche keine Illusionen mehr. Ich muss mir Bilder, die ich via Fernsehen täglich eingestrahlt bekomme, nicht mehr schönfärben.

Ich leide mit den Menschen in Afrika, dass ich oft denke, geh dahin, und mach dich dort nützlich. Dann wäre dein Leben, so lange es auch geht, sinnvoll zu Ende gebracht.

Ich leide darunter, was sich im Hirn von Kim Jong Un abspielt. Warum hat der kein Glioblastoma – sondern ich?

Ich habe, außer teils anderer Meinung zu sein, nichts Verwerfliches getan.

Ich leide darunter, was sich in unseren Schulen alles zuträgt. Jeder, wirklich jeder, wird zustimmen, wenn ich sage, dass die Kinder und Jugend unsere Zukunft sind. Warum also, investiert man so wenig in die Kinder. Weder materiell, noch ideell?

Ich leide, wenn ich sehe, wie sich unser Klima entwickelt. Sind die Anzeichen dafür nicht schon seit 20 Jahren für die Ewiggestrigen evident? Für Mahner sind sie schon viel länger bekannt. Es soll Leute geben, die sie noch heute ungestraft leugnen...

Am meisten leide ich aber darunter, was sich in den Gehirnen unserer Politikerinnen und Politiker abspielt. Wer, wenn nicht sie, könnten sich für lebenswerte Verhältnisse einsetzen? Sie lösen keine Probleme, sie sind das Problem. Schlimmer noch: Sie schaffen neue Probleme, die es ohne sie gar nicht gäbe.

Gier nach Macht und Geld und narzisstische Geltungssucht sind die Triebfeder der meisten Politiker.

Als Tiger gesprungen und als Fußabstreifer vor den Türen der Automanager gelandet.

Sie sind für alles, was in Kommune, im Land und Bund, in Europa und in der Welt geschieht, (mit-)verantwortlich. Es gibt keine politischen Nischen mehr. Kommunalpolitik mit globaler Verantwortung wäre angesagt. Globale Politik mit Bodenständigkeit.

Stattdessen sind sie die Grußtanten und Grußonkel vom Dienst. Willfährig für ihre Partei und firm auf der Karriereleiter. Politik bedeutet, dem Volke zu dienen. Davon sind wir heute weiter weg, denn je. Die Politik entfernt sich in dem Maße vom Volk, wie es das Volk zulässt.

"Das Volk" macht es den Politikern einfach: Jeder ist mit dem zufrieden, was ihm einen maximalen materiellen Vorteil verschafft. Gemeinwohl verlangt manchmal, dass jemand erklärt, worum es geht: Dass Gemeinwohl Abstriche vom "Individualwohl" erfordert.

Politiker, die sich das auf die Fahne schreiben, werden vom Wähler abgestraft. Also überbieten sich die Politiker mit Versprechungen auf Deubel komm raus – gleichwohl, dass sie es besser wissen. Das ist die Crux: Ehrlich und nachhaltig will das "Volk" nicht. Darum produziert es willfährige Politiker – und beschwert sich im gleichen Atemzug über sie. Da beißt sich die Katze in den Schwanz.

Menschlichkeit ist manchmal ein grausames Geschäft.

Was spüren Sie aktuell an Veränderungen?

Gut, viele würden, etwas nebulös, antworten: "Die globale Bedrohung macht mir Angst."

Begründen würden Sie es mit Erdogan, gemeint sind auch Türken im eigenen Land.

Mit grausamen Massakern in Afrika, gemeint sind auch die Flüchtlinge, die zu uns strömen könnten.

Mit Trump, gemeint sind Ängste, diffuse Ängste vor allem. Es vergeht keine Woche, oft vergeht kein Tag, ohne Negativschlagzeilen.

Mit Umwelt, gemeint ist Opfer von Unwettern, Erdbeben und Kollateralschäden jeder Art zu werden.

Mit korrupten oder kriminellen Automanagern, gemeint ist nicht nur Umwelt, sondern das Fahrverbot oder der Geldbeutel. (Das sind durchaus berechtigte Motive.)

Auf jeden Fall sind es globale Bedrohungen, die angsteinflößend sind – und zwar die Ursachen wie die Auswirkungen.

Kaum einer spricht von der Herausforderung: "Vierte Industrielle Revolution". Nicht mal die Politik in Wahlkampfzeiten!

Anmerkung: Ich spreche von "Allen" oder "Keiner" oder "Jeder", wenn es, meiner Meinung nach, 80 Prozent sind. Ich relativiere schon. Nur möchte ich mich nicht ständig wiederholen.

Die "Vierte Industrielle Revolution" ist zwar auch weltweit, nur spielt sie sich gleichzeitig vor unseren Augen ab. Sie ist allgegenwärtig. Vielleicht nimmt man sie deshalb nicht wahr.

Man nennt sie auch – verkürzend – Industrie 4.0. An der Gestaltung und am Maß, in dem sie jeden selbst betrifft, sehe ich die größte Herausforderung. Vor allem, weil sie scheinbar schleichend kommt – in Wirklichkeit ist sie die rasanteste Entwicklung mit den größten Veränderungen für Mensch, Tier und Umwelt.

Deswegen ist sie, unter den vielen Verwerfungen, das wichtigste und das alles umgreifende Thema.

Der Versuch eines Szenarios.

4 Die Vierte Industrielle Revolution

Manche werden den Begriff, die "Vierte Industrielle Revolution", noch nie gehört haben.

Die erste ist bekannt: Die Dampfmaschine. Darunter kann man sich was vorstellen.

Die zweite, die Massenanfertigung, Anfang des 20. Jahrhunderts, betrachtete man schon weniger als das, was sie war: Die Grundlage für viele, am Wohlstand teilzuhaben.

Die dritte, die Entwicklung des Computers, Handys/ Smartphones und des Internets war die bahnbrechende Revolution. Aus ihr entwickelte sich – scheinbar unbemerkt – die Vierte Industrielle Revolution: Das Internet der Dinge – die totale Vernetzung in den Betrieben. Industrie 4.0.

Allerdings ist mit "Vernetzung" nicht die konventionelle Vernetzung gemeint. Nicht der Mensch gibt die Befehle ein, wie bisher, sondern das Material steuert die Maschinen. Man spricht von Automatisierung. Es braucht nur noch ein paar Menschen für die "Ersteingabe", dann übernimmt das Material.

Ein Beispiel vom Forschungszentrum in Kaiserslautern, wo eine "Smart Factory", eine vernetzte Fabrik für Forschungszwecke, errichtet wurde.

Da wird es einfach, das Bahnbrechende zu verstehen: Die Bereiche der Fabrik, die zuvor für sich selbst autonom gearbeitet hatten – sei es die Einstellung der Automaten, das Beschaffen der Werkstoffe vor Ort, das Ordern der Materialien weltweit, das nötige Werkzeug vorhalten – kommunizieren nun über Internetprotokolle miteinander. Der Werkstoff gibt den Takt vor. Der Roboter führt die Befehle aus. Er erhält sie aber nicht von Menschen, sondern er erhält sie vom Produkt, nicht von der zentralen Steuerung. Er entscheidet selbst, was jetzt kommt.

Damit das ein wenig anschaulicher wird: "Befüll' mich mit 500 Milliliter Flüssigseife, ordert die mit einem Chip versehene Seifenflasche beim Seifentank. Jetzt zehnmal grüne statt rote Seifenlösung einfüllen. Nur weiße Deckel aufschrauben. Schließlich bestellt die Palette mit abgefüllten Flüssigseifen den Lastwagen, der sie führerlos an ihren Bestimmungsort bringt. Eine zentrale Steuerung durch den Menschen braucht es nicht."[1]

Das ist ein einfaches Beispiel zur Demonstration. In metallverarbeitenden Betrieben ist das viel komplexer, aber funktioniert nach dem gleichen Prinzip. Der Mensch wird nur noch am Anfang gebraucht, vielleicht noch zur Kontrolle. Aber dann erhalten die Automaten ihre Befehle vom Werkstoff, nicht von Menschen. Das Internet der Dinge.

Im Jahr 2027 werden Menschen zum großen Teil vom Internet der Dinge abhängen. Ihr Lebensrhythmus wird von Werkstoffen gesteuert.

Die Sinnhaftigkeit ihrer Arbeit wird aus dem bestehen, wie sie die Computer unterstützen.

---

[1] Ingeborg Breuer, im Deutschlandfunk vom 02.06.16

Viele Arbeitsplätze werden wegfallen – wenig qualifizierte, aber auch hochqualifizierte.

Die Menschen machen den Einstieg leicht: Sie haben das Smartphone – scheinbar – unentbehrlich gemacht.

"Die Möglichkeiten von Milliarden von Menschen, die über Mobilgeräte mit einer noch nie da gewesenen Verarbeitungs- und Speicherkapazität miteinander verbunden sind, sind nahezu unbegrenzt, ebenso der Zugang zu Wissen. Und diese Möglichkeiten werden potenziert durch sich abzeichnende technische Durchbrüche in Bereichen wie künstliche Intelligenz, Robotik, das Internet der Dinge, autonome Fahrzeuge, 3-D-Druck, Nano- und Biotechnologie, Materialwissenschaften, Energiespeicherung und Quantencomputing."[2]

Es gibt diese Fabriken schon, in denen alle Maschinen digital vernetzt sind, wo der Rohstoff die Befehle gibt und damit die Roboter jede gewünschte Stückzahl und "passgenaue" Produkte herstellen.

Es gibt den 3-D-Drucker und die Materialien, mit denen er funktioniert.

Es gibt das selbstfahrende Auto schon – es muss nur serienreif werden.

Es gibt die Roboter mit Künstlicher Intelligenz – die bereits eingesetzt werden.

---

[2] Klaus Schwab, Chef des Weltwirtschaftsforums, am 21.01.2016 im Handelsblatt

Es gibt die Drohne, die sich ihr Ziel selbst sucht und emotionslos funktioniert.

2027 gehört das zu unserem Alltag.

Das ist so sicher, wie das Amen in der Kirche. (Falls es die Kirchen in ihrer Funktion dann noch gibt.) Warum? Es ist produktiver, also billiger. In der Sprache der Chefs: Es ist ökonomischer.

Es wird Stellen freimachen. Es ist eine Utopie anzunehmen, dass das kompensiert wird durch Neueinstellungen. Da nähme die Industrie sich selbst den Kostenvorteil. Den braucht sie aber, infolge der Globalisierung. Wenn es wir nicht tun, tun es die Chinesen, Amerikaner, Russen, ...

Das ist so, im Big-Business – und auf das wird es rauslaufen. Auf immer größere Firmenzusammenschlüsse. Die Modelle der Gewerkschaften, weggefallene Stellen durch andere im Dienstleistungssektor zu kompensieren, sind illusorisch, ja geradezu hilflos. Der verzweifelte Versuch, zu retten, was noch zu retten ist. Das wird uns alle erfassen. Keiner wird ungeschoren bleiben.

Ich hatte geschrieben, "die Menschen machten den Einstieg auch leicht". Ich bin ein großer Freund von fortschrittszugewandter Technik. Ohne diese Technik wäre keine Wach-OP möglich gewesen. Was ist fortschrittszugewandte Technik?

Technik, die den Menschen einen Nutzen bringt.

Der Satz ist philosophischer Natur. Jeder definiert "Nutzen" anders. Ich möchte ihn nicht überstrapazieren. Aber im Alltag, bin ich sicher, haben wir es übertrieben.

Durch den exzessiven Gebrauch des Smartphones haben wir zum Verlust von Charaktereigenschaften beigetragen, die wir nie mehr zurückholen können. Durch die ständige Erreichbarkeit, durch die Selfies, mit denen wir unsere Selbstliebe befriedigen, und den Glauben, selbst, jederzeit, alles mitteilen zu müssen.

Wir verlieren die Ruhe, das Nachdenken, die Freiheit und die Zeit für wirkliche Gespräche – wir haben die Balance verloren, unwiederbringlich.

Und was noch wichtiger ist: Wir geben diese Eigenschaft weiter an unsere Kinder. Das ist fatal. Sie glauben, dies gehöre dazu. Denken, der exzessive Gebrauch des Smartphones gehört zum normalen Leben. Der "Digital Native" wurde geboren.

"Eine der größten Herausforderungen für das Individuum im Umgang mit den Informationstechnologien, ist die Sicherung der Privatsphäre. Wir verstehen instinktiv, warum das so wichtig ist, aber dennoch ist das Aufspüren und Teilen von Informationen über uns, eine wesentliche Voraussetzung für das Funktionieren der neuen Verbundenheit. Debatten über so grundlegende Themen wie die Wirkung auf unser inneres Leben oder den Kontrollverlust über unsere Daten werden in den kommenden Jahren noch intensiver geführt werden.

Ähnlich werden die revolutionären Erkenntnisse der Biotechnologie und von AI (Artificial Intelligence = Künstliche Intelligenz), welche das Menschsein neu definieren, indem die derzeit übliche Lebensspanne, die Gesundheit, die Wahrnehmung und unsere Fähigkeiten neue Formen annehmen, uns zwingen, unsere Begriffe von Moral und Ethik neu zu formulieren."[3]

Die Auswirkungen auf unser Privatleben werden gewaltig sein: Die Privatsphäre in bisheriger Form wird es nicht mehr geben. Jeder weiß alles über jeden oder kann alles erfahren.

Internet total: Arbeitgeber, Internetgeschäfte, Internet-Freunde, Internet-Feinde, ... Der gläserne Mensch – selbst preisgegeben. Unsere Vorstellungskraft ist zu begrenzt, um sich das volle Ausmaß vorzustellen.

Die klare Sicht ist durch Illusionen verstellt.

Um sich nicht im Theoretischen zu verstricken, einige praktische Beispiele. Diese sind auf das Jahr 2027 gerichtet.

---

[3] Klaus Schwab, 21.01.2016, beim Weltforum, Handelsblatt

5 Die Automobilindustrie:
   Korrupt – na und?

Die Automobilindustrie trifft es – selbst verschuldet – knüppeldick, aus drei Gründen:

Ihre Manager haben es verschlafen, so allmählich ihre Flotten umzustellen und neue Antriebe rechtzeitig auf die Straße zu bringen.

Sie haben sich durch korrupte Machenschaften selbst in Misskredit gebracht. Der materielle und immaterielle Schaden ist groß. Der Imageverlust ist enorm. "Made in Germany" ist für alle Zeiten beschädigt.

Sie haben mit enormen strafrechtlichen Sanktionen und den Kosten, der durch die Korruption entstandenen Schäden, zu rechnen.

Ideale Voraussetzungen für Industrie 4.0! Ihnen nimmt man es ab, wenn sie argumentieren, sie stünden unter Kostendruck!

Anmerkung: Die Verallgemeinerung wird man mir nachsehen. Alle, mehr oder weniger, haben "das Rad mitgedreht". Mir geht es nicht um eine rechtliche Bewertung – oder gar um die ethische. Sondern nur um die Auswirkungen auf die Industrie 4.0. Wenn man bedenkt, wie viele Arbeitsplätze, inklusive Zulieferer, dranhängen, gerade im Autobauer-Land Nr. 1, Baden-Württemberg, dann wird einem bange.

Und die Politik: Die fängt an, sich zu distanzieren – nachdem sie jahrzehntelang unter die warme Decke geschlüpft ist.

Was noch hinzukommt: Völlige Hilflosigkeit, was den Antrieb angeht. Sie wissen noch nicht, wohin die Reise geht. Ist der Elektromotor der Heilsbringer? Wie viele Diesel-Fahrzeuge benötigt man kurzfristig, um das schädliche Kohlendioxid der Benziner zu mixen mit den Stickoxiden der Diesel? Was, wenn der Kunde nicht mitmacht?

Aus den genannten Gründen, werden die Automobil-Branche und Zulieferer die Industrie 4.0 forcieren.

Hier muss festgehalten werden, dass nicht nur Gründe, die durch Misswirtschaft verursacht sind, für die neue digitale Vernetzung, für die Automatisierung, sprechen. Durch die Möglichkeit, die Modelle den Kundenwünschen anzupassen und die Serien sehr schnell umzustellen, entsteht ein unzuleugnender Vorteil. Natürlich entstehen dadurch auch Kostenvorteile.

Aber jetzt steckt die Autoindustrie in der Bredouille: Sie hat keine Antwort, was die Verteilung der Antriebe angeht, ihr sitzen die Gerichte weltweit im Nacken, die Kosten laufen davon und der Vertrauensverlust ist groß wie nie.

Formale ethische Bedenken des Betrugs brauchen sie zwar nicht zu befürchten – das Auto ist eine heilige Kuh – aber ekelhafte Versuche mit Affen und Menschen lassen selbst eingefleischte Freaks aufhorchen.

Düstere Wolken ziehen über der Branche auf und werden die Arbeitnehmer treffen.

Die Manager haben vorgesorgt.

Die Gewerkschaften schmieden utopische Pläne.

Die Zukunftsfähigkeit, der Nimbus der – ehemals – deutschen Vorzeigebranche ist in Sachen Solidität und, vermeintlich, Innovation, dahin.

Ganz schön schwierig, ein Szenario für 2027 zu entwerfen, wenn die Branche selbst nicht ins nächste Jahr sieht.

Ich will mal das "mildeste" Zukunftsbild skizzieren, das derzeit möglich ist. Keiner weiß, was noch zum Vorschein kommt und was die Gerichte in anderen Ländern noch entscheiden.

2027 werden 40 Prozent der Fahrzeuge elektrobetrieben sein, je 20 Prozent werden als Diesel- und Benzinfahrzeuge laufen, 20 Prozent werden alternativ – zum Beispiel durch Wasserstoff oder durch synthetische Kraftstoffe – angetrieben werden.

20 Prozent werden selbstfahrend sein.

Die Zahl von Fahrzeugen wird sehr zurückgehen. Durch Arbeitslosigkeit, geringere Löhne und effektivere Car-Sharing-Angebote werden viele überflüssig.

(Fast) menschenleere Produktionshallen.

Der Betrieb 2027: Klinische Sauberkeit, Roboter werden gesteuert wie von Geisterhand (Künstlicher Intelligenz=KI), vernetzte Computer nehmen die Bestellung auf, die sie via Internet direkt vom Kunden erhalten, sie bestellen die Teile, die zum Herstellen des Modells nötig sind, viele sind 3-D-gedruckt, sie bestellen die Rohstoffe weltweit, sie chartern die selbstfahrenden Lastwagen für den

Transport zum Terminal nahe beim Kunden, sie ordern die Schiffe für den Transport nach Übersee, sie übernehmen die Logistik vor Ort,...

Das ist 2027 keine Zukunftsmusik mehr.

Wegfallen werden Stellen im Betrieb, bei den Speditionen, bei den Zulieferern – ein Elektromotor braucht nur noch ca. ein Drittel an Material, Zeit und Aufwand im Vergleich mit dem Kolbenmotor – im Verkauf, weil die Kunden im Internet bestellen, ...

Jeder ist davon betroffen.

Den Trend aufzuhalten ist unmöglich. Das ist die einzige Möglichkeit für die Autoindustrie, zu existieren. Man kann lamentieren, sie hätte ihn zum Teil selbst verschuldet, aber das bringt nicht weiter.

Die totale Digitalisierung der Betriebe wäre, vielleicht zeitversetzt, auf jeden Fall gekommen.

Man kann der Branche vorwerfen, dass sie zu lange in punkto Antrieb geirrlichtert hat und jetzt noch nicht weiß, wo's energetisch langgeht.

Dass korrupte Manager in Altherrenmanier ihre eigene Marke unterwandern und dabei sehr gut verdienen, hat nicht sehr viele gestört.

Gestandene Politiker, die das wussten, haben trotzdem ihre Beiträge bei Jahreshauptversammlungen zensieren lassen. (VW)

Dieselben Politiker, die entweder bei der Autoindustrie unter die Decke geschlüpft sind, oder die ihre eigenen Redebeiträge haben zensieren lassen, die sollen nun dafür sorgen, dass der Prozess "sozialverträglich" geschehen soll?

Eher geht ein Kamel durchs Nadelöhr. Da hätten sie ihre Kontrollfunktion ordentlicher wahrnehmen müssen.

Für die Menschen in der Autoindustrie, bei den Zulieferern und sonst Betroffenen, brechen schwere Zeiten an. Das ist absurd. Der Motor brummt und man ist nicht für die Zukunft aufgestellt. Es müsste auffallen, dass die Absatzzahlen in die Höhe gehen, trotz Dieselskandal oder aufgrund des Dieselskandals. Man vergibt lieber Abwrackprämien, als auf die Katalysatoren zu setzen – und man fährt damit gut.

Die Konzerne weisen Gewinne aus wie nie.

Das müsste zu denken geben. Die Gewinnmaximierung im vernetzten digitalen Geschäftsdenken: Menschen sind nur Variablen in der Kalkulierung der Profite. Man könnte meinen, in der Fabrikhalle seien nur so viele Menschen beschäftigt und würden nur so hoch entlohnt, dass sie sich die Fahrzeuge auch selbst kaufen können.

6 Die Industrie – Profiteurin ohne Grenzen

Der Begriff "Industrie" ist vielfältig: Die Schwerindustrie, also z. B. die Stahl-, Eisen- und Maschinenherstellung, die Automobilindustrie, der Schiffsbau und der Flugzeugbau, die chemische Industrie, die Zementindustrie, die Nahrungsmittel-Industrie, die holzverarbeitende, die elektrische und viele Industriezweige mehr.

Es ist ihnen allen eins gemein: Sie produzieren Güter. Wo Güter hergestellt werden, gilt der Grundsatz der Produktivität. Überall gilt, wo zu sparen ist, wird gespart – ohne Rücksicht auf (menschliche) Verluste.

Da kommt die vernetzte Digitalisierung, das Internet der Dinge, wieder ins Spiel.

So rühmt sich "adidas" damit, dass der Konzern Schuhe nach dem Prinzip "digital" produzieren kann. Der Schuh, der den Füßen der Käufer individuell zugeschnitten wird. Jeder Schuh ist speziell der Fußform nach, einem Fußabdruck angepasst. Der Fußabdruck wird abgenommen, dann übernimmt er die Produktion. Zur Herstellung wird, u. a., ein 3-D-Drucker verwendet, der die individuelle Form aufspritzt.

Das ist ein raffiniertes Verfahren, das bessere Schuhe macht. Was macht aber der Arbeitnehmer? Der 3-D-Drucker und die Roboter lassen kaum noch etwas übrig. Er wird nicht mehr benötigt. Das ist kein Vorwurf. Das ist die Zukunft.

So geht es jeder Branche: Wo sich mit der Produktivität auch das Produkt verbessert, und sei es nur marginal, werden miteinander verbundene Roboter gnadenlos eingesetzt.

Ganz gravierend im Maschinenbau.

"Ziel aller unserer Anstrengungen ist es, die industrielle Basis in Deutschland zu stärken. Dabei liegt unser Schwerpunkt darauf, Produktions- und Informationstechnik immer stärker zu verschmelzen und damit die Potenziale von Informations- und Kommunikationstechnologien für den Einsatz in der Fabrik von morgen voll auszuschöpfen.", so Professor Dr.- Ing. Jürgen Beyerer und Professor Dr. Maurus Tacke, vom Fraunhofer Institut für Optronik, Systemtechnik und Bildauswertung, 2013, gewiss nicht verdächtig, übertrieben futuristisch zu sein.

"In seinem Essay über Industrie 4.0 spannt Rainer Glatz vom VDMA (Verband Deutscher Maschinen- und Anlagenbauer e.V.) den Rahmen auf: Er verdeutlicht, dass gerade der deutsche Maschinen- und Anlagenbau vor großen Herausforderungen, gleichzeitig aber auch großen Chancen steht. Die in Industrie 4.0 relevanten Themen bieten dem Maschinen- und Anlagenbau neue Möglichkeiten, um sich mit innovativen IKT-basierten Leistungen rund um ihre Maschinen nachhaltige Wettbewerbsvorteile zu verschaffen.", heißt es im Vorspann zu dem Kompendium. (IKT=Informations- und Kommunikationstechnik)

"Gleichzeitig ist Deutschland führend bei Software-intensiven eingebetteten Systemen, die sich zunehmend mit Hilfe von Internet-Technologien vernetzen, Daten austauschen und ohne die viele alltägliche Geräte und Maschinen in der Fertigung nicht mehr auskommen.

Informations- und Kommunikationstechnik durchzieht also immer stärker alle Hierarchieebenen der industriellen Produktion: vom Sensor über Maschinenkomponenten, Maschinen und deren Steuerungen bis hin zu verketteten Anlagen und unternehmensübergreifenden Wertschöpfungsketten.", bestätigt der Diplom-Informatiker, Rainer Glatz, Leiter der Abteilung Informatik; Geschäftsführer der Fachverbände Elektrische Automation und Software sowie der Arbeitsgemeinschaft Produkt und Know-how-Schutz; Leiter der Geschäftsstelle Industrie 4.0, meine Einschätzung.

Wozu braucht's den Menschen? Neben wenigen, die in der Produktion noch konstruktiv tätig sind, nur noch zur Kontrolle. Die ist weitgehend im Dienste des Computers: Bei der "Gesten-Erkennung" braucht der Controller nur noch mit dem Finger auf eine fehlerhafte Stelle des Bauteils zeigen und der Fehler wird eingegeben und ausgemerzt.

Ist das befriedigend? Der Mensch als Computergehilfe. Besser als keine Arbeit, könnte man sagen.

Das wird tiefgreifende soziale und soziologische Folgen haben. Die einen haben gar keine Arbeit, die anderen sind computerunterstützend tätig, wenige sind hochqualifizierte Informatiker.

Manche sprechen vom Bürgergeld. Das kann ich nicht beurteilen. Das ist nicht mein Thema. Mein Thema ist die Veränderung der Arbeitswelt.

Wie lebenswert ist es, so zu arbeiten? Wie verkehren die so veränderten Menschen in neun Jahren miteinander? Was bedeutet das für unsere Gesellschaft?

Von den beiden Bereichen, Auto- und Maschinenbau, beide traditionell hochindustriell ausgerichtet, generelle Schlüsse zu ziehen, ist vielleicht nicht legitim.

Wollen wir das noch an der Nahrungsmittel-Industrie durchspielen. Die stand nicht im Verdacht, übermäßig maschinenlastig zu sein.

Was heute unter dem Begriff „Industrie 4.0" läuft, spiegelt die jüngste Stufe der industriellen Revolution wider. Immer mehr Maschinen im Produktionsablauf haben – ähnlich wie ein PC – ihre eigene IP-Adresse und sind damit netzwerkfähig.

"Sie können also untereinander kommunizieren und die für den Produktionsprozess notwendigen Daten austauschen. Was in der Investitionsgüter- oder Konsumgüterindustrie bereits zum Alltag gehört, greift nun auch auf die Lebensmittelindustrie über. Vom Wareneingang bis zur Logistik reicht die Spanne einschließlich der Roboter, die in sterilen Räumen rund um die Uhr Schnitzel schneiden oder Fertigmahlzeiten verpacken. Doch auch das Verhalten der Verbraucher hat mit jeder Stufe des industriellen Fortschrittes Schritt gehalten, ihm einen neuen Takt gegeben und sich immer wieder geändert. In Zeiten der schnell wechselnden Lifestyle-Produkte passt sich der

Kunde schnell neuen Optionen des Konsums an. Was möglich ist, wird auch gefordert. Als Vorläufer dieser Konsumkultur dient nicht nur die Pizza, die individuell belegt ihren Weg auf den heimischen Esstisch nimmt, sondern auch das Müsli, das nach eigenen Wünschen gemischt bereits am nächsten Morgen zur ausgewogenen Ernährung beitragen soll. Oder – etwas teurer – die eigens komponierte Geburtstags-Cuvée zum individuellen Trinkgenuss.

Doch die Produktionsprozesse in der Lebensmittelbranche sind mit diesen Aufgaben noch lange nicht überfordert. Je komplexer die Wünsche sind, desto flexibler müssen die Herstellungsprozesse gestaltet werden. Dazu ist es notwendig, dass die Systeme miteinander vernetzt sind und miteinander kommunizieren können.

Die Herstellungstechnologien sind längst in der Lage, die erforderlichen Regelungsaufgaben eigenständig zu übernehmen und zu kontrollieren. Damit wurde der Weg zur lernfähigen Fabrik beschritten, die neue und individuelle Produkte eigenständig und auftragsgemäß fertigt. In Verbindung mit einem 3-D-Drucker gelingt es unter anderem, Teigwaren in nahezu beliebiger Qualität, Form- und Farbgebung auch in geringen Mengen herzustellen. Die Produktion erfolgt somit „on demand", also unmittelbar, wenn das Erzeugnis nachgefragt ist und zeitnah verwendet werden soll. Auch was als großes Einzelstück hergestellt, aber nur in kleinen Mengen verkauft wird, kann auf diese Weise seinen Markt finden.

Was also nicht benötigt wird, wird auch nicht hergestellt. Die Vorteile dieses Verfahrens sind vielfältig und tragen im besten Fall sogar zur Vermeidung von Übermengen und damit unnötigem Abfall bei. Was besonders im Zusammenhang mit Lebensmitteln als wünschenswert gilt. Außerdem entfallen einerseits die Lagerkosten und andererseits können die geringeren zu transportierenden Rohstoff- und Fertigproduktmengen mit kleineren LKW oder mit weniger Fahrten bewegt werden. Die Kommunikation der Maschinen untereinander macht jedoch in den Mauern der Produktionsstätten nicht Halt. Sobald auch der Kühlschrank, die Bierkiste und das Weinregal ihre eigene IP-Adresse haben, ist der Weg für ein privates Warenwirtschaftssystem frei. Fehlt nur noch die Eingabe, was bei wie großen Fehlmengen in welchen Abständen bei welchem Lieferanten geordert werden soll. In Verknüpfung mit einer Sprach-Software sollte es künftig nicht wundern, wenn der Kühlschrank nach der Entnahme der vorletzten Milchpackung fragt: ,Abholen oder bringen lassen?'"[4]

So sieht es die DLG e.V. (Deutsche Landwirtschafts-Gesellschaft e.V.)

Ich habe einen etwas größeren Text zitiert. Die Übereinstimmung mit meinen, schon beschriebenen, Aussagen, ist frappierend.

Identisch mit dem Auto- oder Maschinenbau.

Was produktiv und kundenorientiert ist, wird gemacht. Diese Entwicklung ist im Begriff, die Arbeitswelt zu revolutionieren. Die im Gange befindlichen Prozesse werden

---

[4] http://www.dlg-verbraucher.info/de/lebensmittel-wissen/lebens mitteltechnologie/industrie-4-0-ernaehrungsbranche.html

weitergeführt. Ein Narr, wer meint, das Eine oder Andere könne anders, womöglich sozialer, gestaltet werden.

Der Kunde will es so und das ist sozial. Der ist inzwischen so konditioniert, dass er es extravagant haben möchte. Davon hängt sein Status ab. Sein Status hängt aber auch vom Einkommen ab. Das Internet der Dinge wird die Gesellschaft spalten: Die Menschen, die sich den Status erlauben können, und solche, die sich keinen in die Kette eingebauten Kühlschrank leisten können. Wer sich keinen in die Kette eingebauten Kühlschrank leisten kann, wird das als Makel betrachten.

2027 ist das real.

Die Vierte Industrielle Revolution, Industrie 4.0, beschränkt sich nicht nur auf Menschen, die in der Industrie arbeiten. Die Vierte Industrielle Revolution erfasst alle: Industrie, Dienstleistungssektor, Privates.

7 Die Medizin – Profiteurin mit Grenzen

Die Medizin profitiert von der neuen Digitalisierung und den Robotern, unzweifelhaft. Die Patienten profitieren von den technischen Fortschritten. Ich selbst habe davon profitiert.

Doch profitiert auch die IKT- Branche (Informations- und Kommunikationstechnik) vom Absatz, z. B., der Hochleistungs-Computer, der Roboter, der präzisen Bestrahlungsgeräte, der denkenden Prothesen, ...

Es wäre unredlich, die unbestreitbaren Fortschritte nicht zu benennen.

Operieren mittels dreidimensionaler Bilder, Prothesen herstellen mithilfe von 3-D-Scannern und eines 3-D-Druckers, minimalinvasives Operieren mit arztunterstützenden Robotern, z. B. bei Biopsien, telemedizinische Unterstützung bei komplexen Operationen, also Kooperation in Echtzeit durch übertragene Daten an entfernte Ärzte, computergestützte Diagnose, ..., all das sind sinnvolle Meilensteine für Arzt und Patient.

Ganz zu schweigen von der Gentechnik.

Hochmoderne Visualisierungsmethoden sind schon Standard im Operationssaal.

Die bessere Tiefenwahrnehmung einer 3-D-Darstellung oder der höhere Kontrast und die bessere Auflösung der sogenannten 4K-Technologie, sind die Basis. Die Bildgebung ist ein Schlüssel der erfolgreichen Operation. Beide Technologien werden sich weiterentwickeln und den Ärzten einen plastischen Blick aufs Operationsgebiet ermöglichen.

3-D-Scanner und 3-D-Drucker sind schon heute unverzichtbar für die Rekonstruktion oder die Teilrekonstruktion von Körperteilen oder gar Organen.

Missbildungen der Ohren, z. B., können mithilfe eines 3-D-Modells korrigiert werden. Die stellen der 3-D-Scanner und der 3-D-Drucker her. Der Scanner nimmt die Ohrmuschel und den Gehörgang auf vielen Bildern auf. Die werden danach auf dem Rechner verschmolzen. Dann übernimmt der 3-D-Drucker: Er formt das Modell. Zweidimensionale Darstellungen haben damit ausgedient. Aus dem entnommenen Knorpel kann ein Ohr geformt werden.

Genauso können mit 3-D-Scannern digitale Modelle von Gliedmaßen erzeugt werden, die dann mit dem 3-D-Drucker maßgeschneidert gefertigt werden.

Ein Herz – als Modell – aus dem 3-D-Drucker, ist bereits Realität. Es kann dem Patienten als Muster abgenommen werden und der Chirurg kann die Missbildungen sehen, abtasten und vor dem Eingriff studieren. Er weiß sozusagen, was ihn erwartet. Die Operationsergebnisse sind besser.

"DaVinci" – das ist ein Roboter mit vier Roboterarmen. Drei tragen sterile Instrumente. An einem ist eine 3-D-Kamera befestigt, die den Eingriff filmen wird. Die Operation findet nicht am offenen Körper statt, sondern man gelangt durch kleine Einschnitte ins Körperinnere. Der Arzt führt noch Röhren ein, an die sein Assistent die Roboterarme ankoppelt. Dann verlässt er den OP-Tisch und setzt sich an eine Konsole und bedient am Bildschirm den Roboter.

Hier wird es bereits grenzwertig. Bislang sind die Erfolge der Operationsmethode keineswegs bewiesen, aber DaVinci wird eingesetzt. Es ist ein gewaltiger Markt der Milliarden abwirft. Auch wenn er nur arztunterstützend eingesetzt wird, ist der Nutzen nicht belegt.

Die Pharmaindustrie und Medizingeräte produzierende Industrie wissen die (vermeintlichen) Vorzüge auf "Fortbildungen" gut zu vermitteln.

Die Telemedizin findet zunehmend breiteren Einsatz. Sie umfasst alle Medizingebiete. In komplexen Operationen genauso, wie bei Schlaganfallpatienten. Im einen Fall kann ein Spezialist, ohne aus Übersee anzureisen, für eine Operation hinzugezogen werden. Im anderen Fall kann in ländlichen Gebieten, in denen nicht immer die schnelle Versorgung gewährleistet ist, die fachliche Betreuung sichergestellt werden.

An dieser Stelle das Thema Gentechnik, zu medizinischen Zwecken, zu erörtern, würde zu weit führen.

Dabei ginge es nicht um die Frage, ob die Gentechnik oder andere biotechnische Verfahren in der Medizin angewandt werden, sondern, wie weit sie gehen dürfen.

Das zu beurteilen, bin ich nicht in der Lage. Als Betroffener fehlt mir die Distanz, als Laie fehlt mir der wissenschaftliche Hintergrund und als Nichtchrist die religiöse Einstellung, um die Gentechnik zu bewerten.

Anmerkung: Ich bin kein Atheist. Ich bezweifle die Sinnhaftigkeit der Religionen für viele Menschen nicht. Für mich sind es zu viele Zweifel. Ich bemühe mich, den Kategorischen Imperativ zu erfüllen. Der Kategorische Imperativ geht auf Immanuel Kant zurück und besagt, dass man andere so behandeln sollte, wie man selbst behandelt werden möchte. Das ist verkürzt, aber im Kern das, was er meint.

Ich kann die Grenzen nicht ziehen. Wer von den Erfolgen der Gentechnik abhängt, wird sie weiterspannen, als religiöse Mahner.

Ich möchte es so stehen lassen. Auf der Gentechnik und der Biotechnik allgemein ruhen die Hoffnungen unzähliger Kranker. Ob das bei der Züchtung von Organen oder Organteilen ist oder bei der Entwicklung neuer Medikamente.

Da maße ich mir kein allgemeines Urteil an.

Vor 50 Jahren war die erste Herztransplantation. Sie wurde von einer strittigen Diskussion begleitet. Heute ist sie anerkannt als lebensverlängernde Operation.

Fest steht, in der Medizin ist der Nutzen der neuen Technik, ob das nun die fortschreitende Digitalisierung, die Anwendung der Roboter, die vielfältigen Verwendungen der 3-D-Drucker oder die neuen Möglichkeiten der Biotechnik angeht, evident.

Die Grenzen müssen eher die entscheiden, die damit arbeiten und deren Patienten.

Aber ebenso ist klar, dass der Patient das "bezahlen" muss. Der immerwährende Fortschritt hat seinen Preis. Es wird Verlierer geben.

In 2027 haben wir die höchsttechnisierten Operationssäle und Krankenzimmer mit unmenschlichen Zügen.

Kein Mensch kann sich momentan vorstellen, wie die Kosten der Operationssäle, Therapien und der Forschung aufgebracht werden sollen, wenn nicht durch Produktivität.

Die Krankenkassen werden's nicht schultern können. Die zahlen dann nur noch anteilig oder spezielle Operationen gar nicht. Privatversicherungen werden zunehmend zum Spaltpilz.

Bleibt nur die Einsparung an anderer Stelle: Der Pflege.

Ob das den Fortschritt aufwiegt, wenn selbstfahrende Kisten das Essen bringen, wenn das Essen maschinell verabreicht wird, wenn therapeutische oder Pflegehandlungen Roboter ausführen?

Die ethischen Fragen sind nicht geklärt. Die Menschen werden immer älter.

Gegen Ende des letzten Jahrhunderts ist ein Politiker auf die Idee gekommen, ob jedem noch ein Hüftgelenk implantiert werden soll, unabhängig vom Alter.

Er hat eine Welle der Entrüstung ausgelöst.

Ich habe mich das oft gefragt: Ist der Gesamtaufwand für 15 Monate Lebenszeit gerechtfertigt. Die Wach-OP, die Bestrahlung und Chemo erfordern horrende Kosten.

Die (verbesserte) Magnetresonanztomographie (MRT) zur Diagnostik, die höchsttechnisierten Geräte und Methoden bei der OP, der Einsatz der modernsten Linearbeschleuniger zur Bestrahlung, die biotechnisch ausgeklügeltsten Verfahren zur Entwicklung der Chemotabletten, ..., war's das wert?

Für mich schon. Mit jedem Tag, den ich lebe, steigt meine Rentabilität. Die aufgewendeten Kosten verteilen sich nun schon auf doppelte Überlebenszeit. Natürlich entstehen noch Folgekosten. Wenn jetzt noch eine Operation anstünde, was theoretisch gut sein kann, ginge die Rentabilität erheblich zurück.

Anmerkung: Ich würde mir nie anmaßen, solche "Rechenbeispiele" bei anderen Patienten durchzuspielen. Das geht ethisch zu weit. Bei mir darf ich solche Gedanken haben.

Ich habe mich schon viele Male gefragt, wie das bei mir finanziert wird. In Pension, enorme gesundheitsbedingte Kosten und kein Ende abzusehen. Der Berufsstand der Lehrer verzeichnet eine Pensionswelle ohnegleichen. Und manche Privatversicherten, habe ich festgestellt, nehmen gerne alles mit, was es so gibt. Sie dürfen es, aber ob sie es müssen?

Wie wird das erst, wenn die pensionierten oder verrenteten Versicherten mehr werden (demografischer Wandel), die Ansprüche ins Astronomische steigen, die Gesundheitsversorgung immer teurer und die Arbeitslosigkeit für die unteren Einkommensschichten in den nächsten Jahren zunehmen wird?

Ich kann es nur für mich beantworten: Eine nochmalige Operation für dann wenige Monate Überlebenszeit, würde ich ablehnen. Aus ethischen und finanziellen Gründen. Mit den (eingesparten) Kosten einer nochmaligen Operation mit kurzer Lebenserwartung, könnte man vielen Patienten helfen.

So selbstlos, wie es klingt, ist es nicht. Auf Leiden der drei bis fünf Monate Lebenszeit kann ich getrost verzichten.

Dann lieber in Würde sterben.

Ein generelles Resümee kann ich nicht ziehen. Fest steht: Die Medizin, die Mediziner und die Patienten profitieren vom Fortschritt.

Die Grenze ist fließend:

Die Patienten, je nach Krankheit und Kasse, ziehen sie anders. Der Mediziner zieht sie (hoffentlich) nach seinem Gewissen. Der Fortschritt, speziell der Gentechnik, ist unerschöpflich.

Wer will richten?

Noch geht es mir so gut, dass ich dieses – für mich – spannende Thema, der totalen Digitalisierung weiterverfolgen kann.

Abseits der industriellen Fertigung und der Medizin.

8 Der vernetzte Haushalt

Es zeichnet sich immer mehr ab, dass es gar nicht primär um den technischen Fortschritt geht. Es geht um den Profit. Neue Produkte werden zuerst wegen des Profits erfunden und auf den Markt gebracht, erst sekundär des Zweckes wegen.

Wenn es nur um zweckdienliche Aspekte ginge, hätte so manches Produkt das Licht der Welt nicht erblickt!

Der Bedarf der Menschen ist nicht so groß, wie das Angebot. Zwischen echten Bedürfnissen und angebotener Ware herrscht ein krasses Missverhältnis. Zwei Stellschrauben gibt es, an denen man drehen kann: Produkte und Kunden.

Die Produkte müssen bestimmte Stempel tragen: Innovativ, Lifestyle und preiswert.

Die Kunden müssen konditioniert werden. Man muss bei Kunden Emotionen schaffen, Sehnsüchte erzeugen und Einzigartigkeit vermitteln, damit sie die Produkte erwerben. Die Waren vermarkten sich als Belohnung besser. Belohnungen sind das Lockmittel der Verkaufspsychologen. Die Strategie funktioniert in den meisten Fällen.

Kunden sind bereit, das Portemonnaie zu zücken, für Produkte, die in Träume verpackt sind. Im Fachjargon der Strategen wird das hinter vorgehaltener Hand als "Konditionieren" bezeichnet.

Man kann Kunden konditionieren, ein Auto mit 250 PS und röhrendem Auspuff zu kaufen, obwohl man es gar nicht fahren kann. Ausgestattet mit einem röhrenden Auspuff, der technisch völlig blödsinnig ist, zum Auffallen für ein paar Wenige und um Vielen auf die Nerven zu fallen.

Man kann sie konditionieren, einen zwei Meter breiten Fernseher zu kaufen, der das Wohnzimmer zum Kino der lauen Unterhaltung macht, man kann sie konditionieren, ein Smartphone zu kaufen, nicht zum Telefonieren und bei Bedarf etwas nachzuschauen, sondern um Stunden damit zu verdaddeln.

Sie werden alle behaupten, sie bräuchten das Produkt.

Man muss ihnen Gründe liefern, dass sie selbst davon überzeugt sind, es zu brauchen. Da fügt sich dann ein Argument ins andere und reiht ein Scheinbedürfnis ans nächste. Oder sollte man sagen: Es verflechtet eine Emotion mit der andern und belohnt für die Mühen des Alltags.

Sollte es so sein, dass die Menschen den vermeintlichen technischen Fortschritt fördern mit ihrem Hang, einzigartig zu sein?

Bräuchten wir sonst eine "Bluetooth-Zahnbürste" die angibt, welcher Zahn besser geputzt werden muss und wann die Kontrolle beim Zahnarzt nötig wird – und diesen Termin abmacht?

Wie muss ich mich bereits verändert haben, um dies nützlich zu finden?

Wie weit muss ich mich verändert haben, um vermeintliche Vorzüge, von der natürlichen Vorsorge nicht mehr unterscheiden zu können? Zähne zu putzen und zum Zahnarzt zu gehen, gehören zur Eigenvorsorge. Das sind Dinge, die den Alltag strukturieren.

Ein perspektivischer, aber durchaus realistischer, Ausblick, in den privaten Haushalt des Jahres 2027.

Wir sind reif für das Smart Home: Den vernetzten Haushalt und den Einsatz von Robotern. Wir haben die Schwelle zur völligen Digitalisierung überschritten.

Die Klimaanlage steuert man von unterwegs: Es braucht nur eine Smartphone-App und man wird im Sommer von der kühlen und im Winter von der warmen Wohnung erwartet. Das ist allerdings nur die Einsteigerversion. Etwas für die Altbauten. Normalerweise funktioniert das automatisch: Die Klimaanlage oder die Heizung weiß immer, wo das Auto ist, und schaltet sich wetterabhängig, via Wettermeldung, ein. Das Garagentor öffnet sich von selbst, d. h., es empfängt Signale vom Auto.

Apropos Auto: Das Auto fährt auch, aber das ist nur ein Zweck. Das Auto ist Konferenzraum, Disco, Medienzentrum, Sozialzentrale und vor allem: Datensammelstation für unzählige Firmen. Entweder wird es noch gesteuert durch seinen Fahrer oder sein Mitfahrer ist Fahrgast und arbeitet bequem mit dem Tablet.

Wir nennen unseren Probanden mal Alex. Er ist 35, ledig und ist Programmierer. Er hat Feierabend. Vom Einstieg ins Auto, ist er vom elektronischen Hausmeister erfasst.

Er riecht ein bisschen. Deshalb geht er zuerst in den Keller, in den Waschmaschinenraum. Er schiebt das T-Shirt in die Waschmaschine zu den andern und nimmt ein sauberes vom Stapel. Die wurden vorher vom Trockner nach Farben sortiert, gebügelt und zusammengelegt. Die Waschmaschine und der Wäschetrockner (und die Spülmaschine) schalten intelligent: Wenn seine Photovoltaik auf dem Dach genug Strom macht.

Er fährt mit dem Aufzug hoch und geht in die Küche. Alex ist mit dem Smartphone groß geworden. Für ihn ist es nichts Neues, den Kühlschrank, den Herd oder die Spülmaschine aus der Ferne zu bedienen.

Er möchte heute "selbst" kochen – er hätte ja vom Arbeitsplatz aus das Essen nach Hause liefern lassen können. Er hat noch keinen integrierten Roboter, das ist für ihn als Single nicht rentabel. Er hat sich die verschiedenen Haushaltsroboter schon angesehen. Die gibt's eigentlich schon für alle möglichen Haushaltsarbeiten. Er hat einen für den Rasen und je einen für das Bodenputzen und für das Fensterputzen. Das Rasenmähen schafft er zeitlich nicht mehr und das andere ist ihm zu blöd.

Er ist damit nicht up to date: Die Nachbarn haben schon so einen Allround-Roboter. Der macht fast alles. Kochen, putzen, waschen – er ist ein All-in-One-Roboter. Sprachgesteuert.

Die Nachbarn haben Kinder – da ist das selbstverständlich. Alex kommt auch so noch zurecht. Der Kühlschrank meldet was fehlt, er entscheidet, was er kaufen soll.

Sein Herd kann Rezepte auf dem Display anzeigen, mit dem Kühlschrank kommunizieren, die Abzugshaube hat WLAN, falls sie einschalten muss, wenn der Herd, vom Arbeitsplatz aus bedient, das Essen erwärmt, usw. Die Jalousien kann er von seinem Smartphone aus bedienen.

Er ist als sogenannter "Digital Native", mit digitalen Technologien aufgewachsen. Aber es ist immer noch eine Frage des Geldes und des Nutzens. Für ihn, als Alleinverdiener, rentiert sich ein Roboter nicht, aber wenn er verheiratet wäre und Kinder hätte, bräuchte er auch einen. Dann aber nur sprachgesteuert. Ein sprachgesteuerter Roboter ist menschlicher und Kindern vertrauter, sozusagen zur Familie gehörend – humanoid.

Aus der neuesten Generation sollte er sein, mit Künstlicher Intelligenz. Die Dinger verändern sich ständig, können immer mehr. Er muss Geschirr in die Spülmaschine einsortieren und sich mit seinen Kindern abgeben können. Als Sozial-Roboter muss er emotional sein und angemessen reagieren. Die sind teuer – aber halt auch menschlich. Die anderen Sachen kann Alex auch mit der Smartphone-Steuerung machen.

Wenn "jemand" selbst sieht, wie der Roboter, wo Not am Mann ist, ist das schon was anderes.

Auch mal ein Hörspiel für die Kleinen, oder auch ein Gute-Nacht-Lied.

Klingt unverständlich – für die Ohren eines Dreiundsechzigjährigen, der die digitale Bewegung kritisch sieht und sich restriktiv gegenüber dem Smartphone und elektronischen Medien verhält.

Der "digitale Skeptiker", sozusagen. Oder neudeutsch: "The digital Sceptic". Er trennt das beruflich Notwendige vom Privaten. Er trennt das wirklich Nützliche, vom digitalen Popanz. Er trennt regelmäßig komplett, ist auch mal gern ganz ohne.

Das wäre für alle Digital Natives 2018 schon unmöglich. Für die zweite Generation der Digital Natives geht das nicht mehr. Die zweite Generation ist die echte: Sie sind, ob sie es wollen oder nicht, vom Smartphone abhängig. Während die erste noch die Wahl hatte, zu entscheiden, wie viel "digital" sie wollte, ist die zweite gezwungen, digital zu leben.

Ich habe es da einfacher. Ich bin nicht mehr berufstätig. Ich habe mir auf diesem Sektor immer schon den Ruf, rückständig zu sein, zugezogen und bin da abgehärtet. Und ja, ich halte es ohne weiteres aus, einige Tage unerreichbar zu sein. Ich bin in keiner Form ans Smartphone gebunden.

Das ist krank, würden viele sagen.

Nein, das ist gesund, würde ich sagen.

Nun, das wird sich nicht herausfinden lassen. Der Digital Native kann sich das Leben ohne das Smartphone – ich spreche von stundenweise – nicht vorstellen. Seine Eltern, Digital Natives der ersten Generation, die zweigleisig hätten fahren können, waren zu unkritisch, zu fortschrittsgeneigt oder – ich bitte um Verzeihung – zu naiv, um gegenzusteuern.

Der Zug lässt sich auf keinen Fall mehr aufhalten.

Die Vernetzung des Menschen hat begonnen und wird nicht mehr zu stoppen sein. 2027 steht im Zeichen der voll in den digitalen Kreislauf integrierten Menschen. Im Jahre 2027 leben 50 Prozent von uns in Smart Homes.

Sukzessive konsumieren wir die neuen Errungenschaften. Die Frage stellt sich gar nicht mehr, ob wir etwas brauchen. Es ist nur mehr eine Frage des Preises. Wir sind so weit konditioniert, dass wir in den Mechanismus passen. Wir sind Rädchen im System. Wir drehen uns nicht mehr aus eigener Kraft, wir werden mitgedreht.

Dann spielt es für den Digital Native keine Rolle mehr, ob er mehr oder weniger vernetzt ist, er ist vernetzt. Er kann nicht mehr zurück. Er kann Privates und Berufliches nicht mehr trennen. Für den Arbeitgeber ist er omnipräsent.

Er hat seine Beschäftigungen, aus denen er noch Lebenssinn schöpfen könnte – das sind ganz alltägliche Dinge – abgegeben. Stattdessen beschäftigt er sich mit Medien.

Und er kann eins nicht mehr: Das Smartphone als Steuerzentrale aus der Hand legen. Sein Smartphone und er sind zu einer Symbiose verschmolzen. Sein neuer Chef ist das Smartphone, oder wie das weiterentwickelte Gerät bis dahin heißt. Da kann es einem schon angst werden: Das Smartphone wird Chef.

Es hat doch einmal die Meinung geherrscht, der Mensch ist die Krone der Schöpfung, aber nun ist's das Smartphone? Es gibt den Takt vor.

Gut, mich interessiert es nur noch theoretisch.

Soll ich sagen, es fasziniert mich, dass der Markt es geschafft hat, jahrtausendealte Vorstellungen in nur 50 Jahren zu widerlegen? Faszinierend ist es schon. Faszinierend beängstigend.

Das ist einer der großen Widersprüche: Dass alle meinen, sie hätten es gewollt. Es sei gut so. Das sei Lifestyle. Man müsse mit der Zeit gehen...

Irgendwie ist es schon faszinierend – faszinierend was die Kräfte des Marktes zuwege gebracht haben. Faszinierend naiv, was die Menschen da fertiggebracht haben: Das Smartphone zur Krone der Schöpfung zu machen. Der mündige Mensch ist vom Smartphone abhängig, mehr noch, er hat es zu einem Teil von sich gemacht – freiwillig.

Anmerkung: Das Smartphone steht stellvertretend für alle digitalen Anwendungen.

Wer seine Privatsphäre abgegeben hat, der hat sein Privatleben abgegeben und hat somit die Souveränität der Persönlichkeit eingeschränkt. An erster Stelle seines Privatlebens steht das Smartphone. Das Smartphone bestimmt die Persönlichkeit.

Manipulatives Wesen Mensch – Chip im Kopf.

Das zeigt die Digitalisierung des Haushalts. Die Automatisierung des Alltags ist 2027 weit fortgeschritten – unumkehrbar.

Alexa, die Sprachassistentin, ist schon real. Sie spricht nicht nur mit Ihnen, sie hört Ihnen auch zu. (mittels Sprachmikrofonen)

Was sie hört, hört auch der Internetgroßhandel Amazon. Er versichert, es vertraulich zu behandeln.

"Vertraulich", das müsste völlig neu definiert werden, wenn Amazon (oder andere) das behaupten. Wenn es bei Amazon ist, ist es nicht mehr vertraulich! Amazon ist ein Konzern und kein Mensch.

Ab jetzt funktioniert der Mensch digital.

Wer sich Alexa zulegt, macht es, um mit ihr zu sprechen. Alexa will wissen, wie Sie kochen, wie Sie waschen, wie Sie leben. Allzu gern verrät man seine Geheimnisse – sogar intime.

Man teilt intime Gewohnheiten mit einer Maschine.

Ist das nicht pervers?

Wer's nicht zu Alexa gebracht hat, verfügt über genügend Schnittstellen zu fremden Computern, die genauso funktionieren, nur nicht sprachgesteuert. Die Sprachgesteuerten sind halt "menschlicher", anrührender. Das ist der nächste Schritt auf der Evolutionsleiter!

Es wäre, 2018, höchste Zeit für eine neue Ethik. Eine Ethik, die Maschinen und Künstliche Intelligenz einbezieht.

Danach sieht es nicht aus. Die Informationen, die Sie vertraulich und freiwillig abgeben, sind bares Geld. Sie sind nicht nur ein gläserner Mensch, Sie haben einen gläsernen Haushalt, eine gläserne Heizung, ein gläsernes Auto, ...

Alles landet in den Clouds. Alles wird registriert. Wie und was Sie essen, wann Sie es essen, was Sie dazu bevorzugt trinken, welche Musik Sie dazu hören (oder nicht hören), wie Sie das Geschirr spülen (lassen), wann und wen Sie zu Besuch haben, ...

Die intelligenten Maschinen wachsen Ihnen über den Kopf, ohne dass Sie's merken.

2027 ist der Zeitpunkt vorbei. Wenn der private Haushalt schon so weit durch die Digitalisierung geprägt ist, dass wir alle Daten freiwillig preisgeben, und nicht mehr hinterfragen, was tages- und gar lebensstrukturierende Aufgaben sind, die wir nicht aufgeben dürfen, dann ist der Zeitpunkt definitiv vorbei.

Wenn dann noch Diskussionen einsetzen würden, sie kämen viel zu spät. Sie wären nur noch scheinheilig. Keiner kann das Rad zurückdrehen. Zu viele haben geholfen, es nach vorne zu drehen, freiwillig oder konditioniert. Keiner wird auf vermeintliche Errungenschaften verzichten.

Man kann nur mutmaßen, was dann wird: Wenn es ethisch nicht mehr verpönt ist, sich einen Chip zu implantieren. Oder besser: Per Nano-Technologie in die Blutbahn.

Machbar ist es schon. Noch immer wurde das Machbare getan. Es ist also nur eine Frage der Zeit.

2027: Die Fünfte Industrielle Revolution beginnt: Der Mensch wird ein Erfüllungsgehilfe von Robotern, die von Künstlicher Intelligenz gesteuert werden.

Wer hätte es zwar nicht verhindern, aber relativieren können, dem Umgang mit der Digitalisierung auch die negativen Seiten aufzuzeigen? Die Politik. Die Bundestagswahl wäre eine gute Gelegenheit gewesen. Fehlanzeige.

Warum greift die Politik das Zukunftsthema nicht auf?

Die Politiker haben es nicht begriffen. Sie haben es begriffen und wissen nicht, wie die Nachteile zu vermitteln sind ohne die Menschen zu verschrecken. Sie halten wegen der Wirtschaft die Füße still oder die Hände auf. Sie wissen, dass die Fünfte Industrielle Revolution sich nicht verhindern lässt und sitzen es aus.

Vor 20 Jahren sah man sich in der Schule mit dem Handy konfrontiert. Es war ein neuer Kommunikationsträger, für den man Regeln aufstellen musste. Der Missbrauch war offensichtlich und trotzdem tat man sich mit Regeln schwer. Das Handy hatte etwas mit den Persönlichkeitsrechten zu tun. Konsequent verbieten ging nicht, es nur in Pausen und nach Unterrichtsende einschalten, war schwer zu überprüfen. Es ließ sich nur ganz schwer regeln. Klein halten war angesagt. Computerräume wurden eingerichtet. Keiner hatte gedacht, dass es nur wenige Jahre dauert, bis sie überholt wären.

Dem Handy hat man nicht zugetraut, dass es bald eine größere Speicherkapazität hat, als die Computer, mit denen man arbeitete.

Vor 15 Jahren wurde die Schule als Hoffnungsträger für die verantwortungsvolle Anwendung der digitalen Geräte gehandelt. Das ging schief. Die Technik war schneller als die Kultusbürokratie. Die Bildungspolitik fand oder wollte kein Mittel finden, die Revolution zu steuern. Von einem heillosen Flickenteppich pädagogischer Ansätze wurde das Land überzogen.

Heute ist die Bildungspolitik nur noch mit sich selbst beschäftigt. Was kann man in Zeiten größter Globalisierung noch mit einem Schulsystem anfangen, das sich in Kleinstaaterei wie im 18. oder 19. Jahrhundert präsentiert? Glaubt jemand im Ernst, man könne die globale Herausforderung des digitalen Umbruchs mit Schulen begleiten, deren Strukturen bundesweit derart zerrissen sind? Da "kämpft" ein Bundesland gegen das andere um die Pole-Position. Was für ein Starrsinn. Statt die besten Konzepte von allen in ein System zu geben, dieses festzuschreiben und zu praktizieren! Nicht nur beim Thema Digitalisierung. Die Konkurrenz sitzt schließlich nicht innerhalb deutscher Grenzen. Kann man, wenn man global denken sollte, wenn man globale Chancen nutzen und globale Gefahren abwehren wollte, so vernagelt sein?

Nun, wir haben kein anderes. Also bleibt mir nichts anders übrig, als das, im Ansatz schon falsche, Schulsystem, für seine Rolle im Prozess der umfassenden Digitalisierung heranzuziehen.

9 Schule – die chronisch Überforderte

Es ist ein Reflex. Wenn immer bei uns etwas verkehrt läuft, ertönt der Ruf nach der Schule. Die Schule soll's richten.

Schlechte Zähne: Schule. Schlechter Umweltschutz: Schule. Schlechte Ernährung: Schule. Kaum Bewegung: Schule. Schlechtes Benehmen: Schule. Mangelhafte Ausbildung: Schule. Hier ist der Ruf berechtigt.

Es ist Mode geworden, der Schule alles Lästige zu übertragen. In Fällen, wo das so ist, sind die Eltern entweder beschäftigt, sie sind erziehungsunfähig oder erziehungsunwillig oder sie sind davon überzeugt, dass der Staat das machen muss. Nicht alle, aber viel zu viele.

Die Eltern sind Digital Natives. Die jungen Lehrerinnen und Lehrer auch. Sie sind mit digitalen Medien aufgewachsen. Das ist per se nichts Schlimmes.

Schlimm ist, dass Eltern und Lehrer keine Medienerziehung erhalten hatten oder haben. Wie auch? Die Medienerziehung der Bundesländer kann sich auf keine Standards festlegen. Keine Altersgrenze für Smartphones. Manche Kinder haben sie schon in den Kindergärten im Täschchen. Dabei warnen namhafte Kinderpsychologen und Medienexperten vor zu frühem Gebrauch. Es kann süchtig machen.

Kinder lernen schlechter vom Bildschirm, als von Texten und von Bildern der Bücher.

Kinder brauchen den "ruhenden" Text. Kinder müssen an Texten und Bildern verweilen. Um zu begreifen, benötigen sie das praktische Buch. Das ist erwiesen.

Die erste Generation der Digital Natives, die Eltern, hat das Smartphone völlig unkritisch übernommen. Verheerend ist der Umgang mit dem Smartphone mancher Eltern zu Hause und vieler Lehrer im Schulbetrieb.

Die betreffenden Eltern kommen mit Smartphone am Ohr oder vor dem Mund in die Schule. Manche telefonieren unbefangen bei Elternabenden, sie fotografieren ungehemmt.

Die betreffenden Lehrer/innen legen zuerst das Smartphone aufs Pult, dann auf den Tisch im Lehrerzimmer an vorderster Stelle und benutzen es ungeniert. Dabei hätten Lehrer und Eltern Vorbildfunktion.

Es gibt keine Schamgrenzen.

Dabei geht es gar nicht darum, das Smartphone zu verteufeln. Es geht um den richtigen Umgang. Das Smartphone oder das Tablet muss in der Schule eingesetzt werden. Es geht nicht an, dass man Möglichkeiten der digitalen Medien ignoriert, schlecht redet oder auf Sparflamme kocht. Es geht aber auch nicht an, dass die Medien unkritisch eingesetzt werden. Aber ich befürchte, dass der Zeitpunkt, etwas zu ändern, vorbei ist. Die, die es ändern könnten, "finden das alles nicht so schlimm".

Wie sollen sie's auch? Sie sind unkritisch damit aufgewachsen. Sie haben weder Schamgrenzen, wann es eingesetzt werden darf und wann nicht, noch schätzen sie die Gefahren ausreichend hoch ein.

Als hätten sie noch nie davon gehört, dass das Smartphone süchtig machen kann, dass es zur Reizüberflutung führen kann, dass es erst ab einem gewissen Alter zu vernünftigen Ergebnissen führt, dass es einsam machen kann, dass es soziale Direktbeziehungen verhindert, ...

Die Lehrer haben vielleicht wirklich noch nicht davon gehört, weil sie noch nie bei Fortbildungen für Medienpädagogik waren, oder weil Fortbildungen nicht weiterbringen, weil keine verbindlichen Standards vermittelt werden. Und die Eltern? Die Uneinsichtigen dürfen weitermachen. Da ist keiner, der's verbietet. Die Frage ist, wer wann den Kindern die Vorzüge des Smartphones und die Nachteile des Gerätes beibringt. Die Leitlinien müsste die Politik festlegen, genauer die Kultusministerinnen und -minister. Sie hätten es auch in der Hand, Verbote zu erlassen.

Das hätte allerdings schon lange stattfinden müssen. Von ihnen etwas zu erwarten, ist illusorisch. Das kostet Wählerstimmen. Eltern und Lehrer lassen sich nicht bevormunden. Schule ist kein digitaler Selbstbedienungsladen, kein Markt der digitalen Möglichkeiten und kein Sammelsurium für jede Meinung.

Uneinsichtige brauchen Regeln – und zwar Eltern und Lehrer/innen!

2027 – ohne Illusionen:

2027 steht im Zeichen der zweiten Generation von Digital Natives, den "Original Digital Natives". In der digital vernetzten Schule, wird das Smartphone/Tablet zum Medium Nr. 1.

Die Chancen der Medienpädagogik wurden verpasst.

Der Weg dahin wird sein, wie immer: Zuerst verschlafen, dann wird das Schwarze-Peter-Spiel mit dem politischen Gegner gespielt, dann wird das Konzert der Interessensverbände über Gebühr berücksichtigt, dann wird der heiligen Kuh, Elternrechte, gehuldigt, dann die Mitglieder einer Arbeitsgruppe diskutiert, nach langem Hin und Her die Arbeitsgruppe beschlossen, die tagt und tagt, dann kreißt der Berg, und gebärt eine Maus. Nichts Verbindliches, Wahlen stehen an.

Und schließlich: Das kostet richtig viel. Geld ist da – nur die Einsicht fehlt, dass man es in Medien und gute Medienerziehung stecken müsste. Alle betonen die hohe Bedeutung. Die betonen sie bei andern Themen auch, je nach Publikum. Und ein Bundesland rechnet dem anderen vor, wie viel Geld es für Digitalisierung ausgibt...

Es fehlt die Einsicht, die Vernunft, dass das ein zentrales Feld, ein, im wahrsten Sinne, lebenswichtiges Zukunftsthema für Kinder und Staat ist. Es fehlt der Mut, die Digitalisierung in ihren Vorzügen und Nachteilen gleichermaßen zum Gegenstand zu machen.

Zum Thema gehörten die Fragen der Altersgemäßheit, Möglichkeiten und Anwendungen, Maß und Unverhältnismäßigkeit, Ethik von Maschinen und Künstlicher Intelligenz, persönlicher Datenschutz und verantwortbare Lebensführung.

Ich wette – kann's 2027 leider nicht mehr überprüfen – diskutiert und umgesetzt werden nur die Themen "Möglichkeiten und Anwendungen". Zu mehr reicht's nicht. Hat's bisher auch nicht gereicht.

Dabei wäre verbindliche Medienpädagogik bitter nötig: Verbindlich für die Kinder, für die Lehrer, für die Eltern und nicht zuletzt auch für die Wirtschaft!

Eine Medienpädagogik, die nicht einseitig warnend, sondern ausgewogen konstruktiv sein müsste. Die Maß und Mitte festlegt, die auf Schreier keine allzu große Rücksicht nimmt und das "Offene" der Gesellschaft etwas relativiert.

Im Kindergarten bräuchte es gar kein Smartphone. Im Kindergarten ist jedes Kind jederzeit erreichbar. Sonst braucht es auch keins. Für Spiele erst recht nicht. Auch im digitalen Zeitalter, besonders im digitalen Zeitalter, ist es wichtig, dass es seine elementaren körperlichen, geistigen und sozialen Fähigkeiten entwickelt. Ich will mich nicht auf die Seite der Dogmatiker schlagen, aber zuerst muss ein Kind lernen, seine Neugier zu entfachen und versuchen, sie durch Entdecken zu befriedigen. Da ist jedes elektronische Spiel fehl am Platz. Das Smartphone wäre mit seinen Anwendungen ein Neugiertöter, der mithilft, das natürliche Entdeckenwollen zu verhindern statt zu fördern.

Wenn ich's nicht selbst erlebt hätte, ich hätte es nicht für möglich gehalten. Kinder im Kindergartenalter, Kinder im Kita-Alter und sogar Säuglinge "begleiten" mich im Flieger, der sechs Stunden unterwegs ist. Ihre Eltern fliegen in den Urlaub. Das eine Kind, höchstens drei Jahre alt, hat einen Nuckel im Mund und einen Laptop vor sich. Es vertreibt sich die Zeit mit Videos.

Da ist das ADHS (Aufmerksamkeitsdefizit-Hyperaktivität-Syndrom) nicht weit.

Das Kindergartenpersonal wird's schon richten. Der Kinderpsychologe oder Psychotherapeut steht bereit. Zur Not gibt's Ritalin oder andere Präparate. (Medikamente mit dem Wirkstoff Methylphenidat) Unter Umständen leidet das Kind zeitlebens an den Symptomen fortgesetzter Überforderung.

Die Kinder werden zu Lifestyle-Kids erzogen.

Schwierig wird's in der Grundschule. Es sind nur wenige Jahre, aber die haben es in sich. Es müsste nicht sein, dass man in der ersten und zweiten Klasse die digitalen Medien "behandelt". Wer, wenn nicht die Schule, soll dann Vorzüge und Nachteile des Smartphones gleichermaßen vermitteln? Soll man warten, bis die Kinder die vermeintlichen Vorzüge kennen und tausendfach anwenden? Bis die Gefahr der Abhängigkeit gegeben ist?

Von Klasse eins ab wird man das Smartphone und Tablet in "pädagogischen Dosen" einsetzen müssen. Aber das müssten Personen tun, die das können. Sie müssten darin geschult und sensibilisiert sein. Da habe ich meine Bedenken. Die, die es tun, sind meist Digital Natives. Ich glaube es nicht, dass die Personen noch so weit abstrahieren können. Neutrale Personen von außen sollten es sein. So etwas, wie ein freigestellter Medienberater. Nur für diesen Zweck. Das würde auch die Lehrer entlasten.

Mir liegt schon das Gejammer in den Ohren: "Oh, das kostet." Es gibt ja so schon nicht genug Lehrer/innen. Wenn die Kultusministerien ihre Hausaufgaben gemacht hätten, bevor sie neue Schulmodelle, Schulformen und, zum Beispiel, die Inklusion (Behindertenrechtskonvention der UN) beschlossen haben, sähe es anders aus.

Ab Klasse drei steht das Tablet regelmäßig, aber sparsam auf dem Stundenplan, da führt kein Weg vorbei. Lehrer/innen geführt. Da entnehmen die Kinder zwar immer noch mehr aus Büchern, als von Tablets, aber der Umgang mit dem Tablet ist unvermeidlich. Zwar sollte es so restriktiv wie möglich und nie als einziges Medium eingesetzt werden, aber es nicht zu tun, wäre fahrlässig.

Der Umgang mit dem Tablet, zu wissen, wie's geht, die Gefahren, die auf die Kinder zukommen können, aber auch die Vorzüge von Tablet und Co müssen vermittelt werden. Das muss detailliert im Bildungsplan verankert sein. Das darf nicht von der Willkür oder der persönlichen Einstellung der Lehrer/innen abhängen! Dazu muss es überprüft werden!

In Klasse fünf bis 13 kommt's knüppeldick: Keine Medienpädagogen, kaum Informatik, die den Namen verdiente, keine Ausstattung, keine Lehrer, kein Geld...

In einem Land ohne Rohstoffe, in dem alle Politiker bei Sonntagsreden immer wieder betonen, der "Rohstoff" befände sich in den Köpfen der Menschen, und in dem die Steuern sprudeln, wie nie, sei kein Geld vorhanden. Da sollten sie sich an die eigene Nase fassen und wohlfeile Worte mit entschlossenem Tun vertauschen!

Wenn sie das ernst meinten und handeln würden, dann lägen wir im Vergleich mit anderen Ländern nicht meilenweit zurück. Aber es geht nicht um Vergleich.

Als hochindustrialisiertes Land stellt sich die Aufgabe von selbst. Um's noch einmal zu sagen: **Das sind Investitionen in unsere Zukunft!**

Das sind Investitionen im konventionellen Sinne, also in die Infrastruktur, aber mehr noch, in Wissens- und Wertevermittlung! Die Digitalisierung braucht technisches Know-how, ethische Verantwortung und pädagogische Konsequenz. An der vernetzten Digitalisierung, dem Internet der Dinge, der Roboterisierung, der Künstlichen Intelligenz, kommt man nicht vorbei.

Den Unterschied zwischen China, Indien, Amerika, Litauen, Korea, ..., sollte die technische Unterrichtung zum einen, und die Vermittlung eines ethischen Umgangs mit den Technologien zum anderen, ausmachen.

Nichts von beidem!

Statt Unterricht in modularer Form ab Klasse fünf in jeder Schulart, ein Flickenteppich von Vorstellungen von 16 Kultusministerien über die Stellung der Digitalisierung in den Bildungsplänen, Ausstattungs(not)stand, ethische Standards, wenn überhaupt – Hilflosigkeit. Jetzt mischt der Bund auch noch mit.

Und im Hochschulbereich? Mangels Einblick darf ich mir kein Urteil anmaßen. Ich kann nur erzählen, was ich erlebt habe.

Im Sommer '17 war ich für vier Tage in einer Uniklinik. Das MRT (Magnetresonanztomographie), das zuvor aufgenommen wurde, zeigte verblüffende Anzeichen eines Rezidivs. Das ist der Horror eines jeden Krebspatienten. Die Radiologin meinte, es könnten "nur" die Anzeichen eines Schlaganfalls sein. Das wäre zwar schlimm, für mich die eindeutig bessere Variante.

Das war für die Professoren eine spannende Frage. Entweder sind die Anzeichen ein Indiz für den zurückkehrenden Tumor, oder es handelt sich tatsächlich nur um einen Schlaganfall. Sprechausfall und sonstige Symptome waren auch beidem zuzuschreiben.

Für mich war das auch spannend: Entweder in wenigen Monaten tot oder die Chance, mich von dem Schlaganfall zu erholen – so gut es geht. Nur, für mich war das keine theoretische Frage.

Spannend war das auch für die Studenten, die davon erfahren hatten. Sie fragten, ob ich mich für die Vorlesung zur Verfügung stellen würde. Ich überlegte nicht lange. Das wiederum, wie die ca. 30 Studenten damit umgehen, ob sie das MRT und die Symptome richtig deuten, war für mich spannend.

Anmerkung: Im Ausschlussverfahren und durch ein erneutes MRT war die These "Schlaganfall" erhärtet. Das wussten die Studentinnen und Studenten nicht.

Ich war geistig zwar gut drauf, aber war von Sprechlosigkeit erst bis zu leisem, staksigem Sprechen gelangt. Ich war nicht sprachlos! Ich verstand die Sprache inhaltlich so klar und so gut wie sonst. Ich konnte sie dekodieren, wie immer. Ich war denkfähig, wusste genau, was ich sagen wollte. Ich konnte nur noch nicht richtig sprechen.

Das ist, nebenbei bemerkt, für die Patienten ein psychologisches Problem. Das Gegenüber denkt, das ‚nicht sprechen können' hängt mit dem ‚nicht denken können' zusammen.

Die Wenigsten wissen, dass es ein motorisches und ein sensorisches Sprachareal gibt und dass man das getrennt betrachten muss. (Broca-Areal, Wernicke-Areal) Das ist grob vereinfacht. In Wirklichkeit ist die Sprache ein hochkomplexer Prozess.

Was mich im Hörsaal erwartete, machte mich fassungslos.

Eine Lautstärke am Anfang, eine – tut mir leid, so habe ich es empfunden – hilflose Leitung, immer wieder aufbrandende Lautstärke wechselte mit unterschwelligem Gemurmel. Teils desinteressierte Studentinnen und Studenten, die meist nicht am Problem orientiert waren. Was mich am meisten störte: Schamlos wurde unter dem Tisch, als auch auf dem Tisch gesimst, gechattet oder das Smartphone anderweitig genutzt.

Ist das der Nachwuchs für unsere Ärzte? Sind die Veränderungen schon so weit fortgeschritten? Wo ist die Schamgrenze?

Die haben da eine Person vor sich sitzen, bei der es um Leben und Tod geht. Die sich für Lernzwecke zur Verfügung gestellt hat. Die wohl langsam und leise spricht, aber nicht wirr. Von der die Kommilitonen nur das Anfangs-MRT und die Symptome kennen, die für ein Rezidiv sprechen.

Summa summarum, fand ich, das lernspezifische Ergebnis dürftig: Weil es von wenigen erkannt wurde, wurde es vom Leiter vorgegeben.

Sind das unsere Garde-Studenten, die mehrheitlich weder ein inhaltliches Interesse noch ein ethisches Gespür zeigen. Ich bin nachdenklicher aus dem Hörsaal rausgegangen, als ich reingegangen bin. Meine Spannung, bezogen auf Rezidiv versus Schlaganfall, war auf Null gesunken. Zu sehr war ich damit beschäftigt, das Erlebte einzuordnen.

Wohlgemerkt: Nicht alle, aber viel zu viele. Sie wollen schließlich alle Ärztinnen und Ärzte werden. Digital Natives in Reinkultur.

Im Jahre 2027 werden die Schulen und Hochschulen im hektischen Hinterherhecheln hinter den anderen Ländern nur die technische Digitalisierung einigermaßen aufgeholt haben.

Im Gestrüpp der Regelungen des Föderalismus und des Bundes werden die ethischen Werte auf der Strecke bleiben.

10 Das Smartphone – Schlüssel zur digitalen Welt

Das Smartphone wurde schon vielfach angesprochen. Es gilt als Schlüssel zu den digitalen Medien, zum digitalen System. Ein Versuch, es in seinen Vorzügen und Nachteilen darzustellen, ist fast unmöglich.

"Neutral" geht nicht. Die Aussagen eines "Critical Users" werden von den Digital Natives nicht verstanden. Digital Natives haben keinen Abstand zum Gerät, zur Technologie, und halten Critical Users, kritische Benutzer, für altbacken. Gespräche zwischen beiden scheitern schon im Ansatz. Da prallen Welten des Missverstehens aufeinander. Der Digital Native reagiert schon allergisch, wenn in dem Gespräch mit einem "Ü 40", also einem über 40 Jahre alten, leise Kritik auftaucht.

Er wirft ihm vor, altmodisch zu sein, aus Prinzip. Doch sind es gerade die kritischen "Ü 40", die noch beide Welten kennen. Der Digital Native der zweiten Generation kennt in der Regel nur eine Sicht. Er kennt die Welt ohne Smartphone nicht.

Ein Versuch, der scheitern wird.

Das Smartphone ist gegenüber dem herkömmlichen "Handy" ein Quantensprung, obwohl es oft noch synonym als Handy bezeichnet wird.

Das herkömmliche Handy war vornehmlich zum Telefonieren geeignet. Das Smartphone kann mehr, sehr viel mehr. Es bietet mehr Funktionen und die Konnektivität eines Computers (vereinfacht: die Verbindung mit dem Internet), fast überall.

Es verbindet die Möglichkeit des Telefonierens mit der Fähigkeit, Bilder aufzunehmen und zu versenden, Medienabspielgerät zu sein, GPS-Navigation herzustellen, zu Twittern oder mit Facebook-Freunden zu kommunizieren, Apps zu installieren, Online-Enzyklopädien zu nutzen und zu bearbeiten, ...

Man kann mit dem Smartphone Videos aufnehmen und abspielen und es zu Videokonferenzen einsetzen. Es hat durch Touchscreen eine kinderleichte Bedienung. Es fungiert mit seinen Möglichkeiten der Datenerfassung und Speicherung als Computer. Man kann es als Steuerzentrale für Haushaltsgeräte und Hauseinrichtungen, die Vernetzung von elektronischen automobilen Anwendungen fast jeder Art oder als Empfänger digitaler Medien verwenden.

Es kann elektronische Spiele bereitstellen. Fürs Emotionale hält es Emojis vor.

Das Smartphone ist Kommunikationszentrale, Datenspeicher, ist sozusagen der "Personal-Manager", Taschencomputer, Medienmanager, Spielekonsole, Navigationssystem, und jetzt schon durch Apps direkt eingebunden in Netze von Warenhäusern, Krankenhäusern, Industrie, ...

Das Smartphone als elektronischer Alleskönner.

Laut einer Befragung im Auftrag des Digitalverbands Bitkom nutzen im August 2017 über drei Viertel (78 Prozent) aller Bundesbürger ab 14 Jahren ein Smartphone.

Das entspricht etwa 53 Millionen Menschen. In der Altersgruppe der 14- bis 29-Jährigen nutzen 95 Prozent das Gerät.

In der Altersgruppe der 30- bis 49-Jährigen sind 93 Prozent Smartphone-Nutzer, bei den 50- bis 64-Jährigen sind es 88 Prozent. Unter Bundesbürgern, die älter als 65 Jahre sind, nutzt rund jeder Vierte (27 Prozent) ein Smartphone.

Die Smartphone-Nutzung hat stark zugenommen. Laut der Studie benutzen bereits mehr als ein Drittel der 6- bis 7-Jährigen ein Smartphone. Über ein eigenes Smartphone verfügen 67 Prozent der 10- bis 11-Jährigen (2014: 50 Prozent), ab 12 Jahren gehört das Gerät dann, für so gut wie alle Jugendlichen, zur Standardausstattung.

Insgesamt betrachtet, haben 87 Prozent der Kinder ab 10 Jahren ein eigenes Smartphone (2014: 79 Prozent), beim Tablet sind es 33 Prozent (2014: 17 Prozent). 2016 wurden in Deutschland 24,2 Millionen Smartphones verkauft. So weit die Darstellung des Smartphones. So weit werden auch die Digital Natives mitgehen. Die nüchternen Fakten sprechen für sich.

Bei der sachbezogenen Kritik werden viele nicht folgen. Das liegt in der Natur der Sache.

Alle Installationen des Smartphones können wichtig sein – für eine gezielte Einsetzung zu bestimmten Zeiten und Anlässen und für bestimmte Personengruppen.

Damit dürften die meisten Digital Natives einverstanden sein.

Schwierig wird's, wenn die Zeiten, Anlässe und Personengruppen definiert werden sollen. Also wer, wie oft und zu welchem Zweck das Smartphone nutzt. Spielen wir das am Beispiel der mündlichen Kommunikation oder getippter Nachrichten durch.

Keiner bezweifelt die Tatsache, dass es einen bemerkenswerten Fortschritt darstellt, fast überall erreichbar zu sein und kommunizieren zu können. Für Betagte, für Auto-, Motorrad- oder Fahrradfahrer, für Reisende, für Arbeitnehmer und Arbeitgeber, für alle – gilt dies unterschiedlich.

Für Betagte ist die rund-um-die-Uhr-Erreichbarkeit und die Möglichkeit der Kommunikation dringend geboten. Für Auto-, Motorrad- und Fahrradfahrer gilt dies nur temporär. Bei Reisenden ist, z. B., die Ankunft mit dem Flugzeug, für die Angehörigen wichtig. Für Arbeitgeber und Arbeitnehmer dürfte die Erreichbarkeit nur in vereinbarten Zeiten gelten. Für alle?

Die Probe aufs Exempel. Urlaub im Ruhrgebiet.

In Oberhausen, im Rahmen einer Stadtbesichtigung, kommt man am "Centr-O", in der neuen Mitte, Europas größtem Einkaufszentrum, nicht vorbei.

Zwei Fragen stellten sich mir.

Frage 1:

Warum sind, geschätzt, acht von zehn Personen ständig mit dem Smartphone zugange?

(Manchmal kam mir eine Gruppe aus sechs bis acht Leuten entgegen, jeder mit dem Smartphone in der Hand.)

Frage 2:

Wozu braucht man 20 Schuhgeschäfte, gefühlt 200 Konfektionsanbieter, Smartphone-/Tablets-Läden zu Hauf, Schmuck in allen Formen, ...? Konsumtempel pur. Exzessiver Konsum.

In den Fußgängerzonen in Essen und Duisburg war die Smartphonenutzung vergleichbar.

Düsseldorf, die elitäre Königstraße, "KÖ", "gehobene" Käuferschicht: Kaum ein Smartphone!

Ist die Kommunikation per Smartphone, ist das Haben und Zeigen eines Smartphones ein vermeintliches Statussymbol? Ja, nach meiner Meinung ist das so.

Ist die Smartphonenutzung schichtspezifisch? Ja.

Ohne jetzt eine soziologische Diskussion aufzumachen. Die Erkenntnisse sind subjektive Beobachtungen und so zu verstehen.

Nach Meinung der Digital Natives ist das eine ungeheure Behauptung. Muss man so stehen lassen.

Die zweite Frage hängt auch mit dem Smartphone zusammen. Bei jeder Anwendung online, können die Daten gespeichert werden.

Jeder Kauf online wird registriert. Jede Aktion mit dem Smartphone wird gespeichert, wird "protokolliert". So entsteht ein digitaler Doppelgänger, ein digitaler Klon. Kaufen Sie einen modernen E-Book-Reader, so liest er mehr aus Ihnen, als Sie aus ihm!

Das Online-Kaufhaus weiß genau, was Sie wollen: Es hat Ihren Doppelgänger als Vorlage. Der legt Ihre Bedürfnisse offen. Mehr noch: Er verrät, wie und womit Sie zu konditionieren sind. Womit man Sie belohnen kann, etwas, das Sie ursprünglich nicht vorhatten zu erwerben, trotzdem zu kaufen. Die Kaufhäuser und Online-Handelsketten, beide sind zum Teil identisch, schaffen sich ihre Kunden so. Sie wecken Bedürfnisse, die sie sonst nicht hätten.

Man hat den Eindruck beim Betrachten der Kunden des Centr-O (steht stellvertretend für alle großen Einkaufshäuser), die Online-Strategen schaffen sich mit der Zeit aus Kunden die Kunstfiguren. Das Doppel-Ich macht sich selbstständig. Das Kaufhaus macht den Menschen nicht zum Kunden – es macht ihn zum Produkt.

So ist das Einkaufszentrum strukturiert. Aus der Marktstudie, die anhand von Daten erstellt wird, entnimmt man, welche Läden passen: Welches Preissegment in Frage kommt, welches Sortiment man anbieten muss, auf welche Werbestrategien die Kunden ansprechen, und wie man sie mit Essen, Trinken und Musik versorgen muss, damit sie sich wohlfühlen. Emotionskauf braucht wohlfühlen.

Da alle "individuell" versorgt werden wollen, und meinen, oder glauben zu meinen, was sie brauchen, und jede Menge Neugier befriedigt sein will, braucht es so viele Läden. Das Shopping hat den Charakter der Freizeitbeschäftigung und der Kinderattraktion. Sie halten das für die Realität. Ist es auch – leider. Die Kinder sehen nichts anderes.

Warum sieht man auf der "KÖ" in Düsseldorf verschwindend wenig Smartphones? Dort ist es kein Statussymbol, diese Kunden wollen sich nicht so schnell in die Karten schauen lassen, wollen sich nicht so entblößen und kaufen gezielter. Sie können sich Letzteres auch leisten.

Die Veränderung erfolgt schleichend. Je mehr digitale Nutzung, umso abhängiger der User. Das Smartphone, je öfter es eingesetzt wird, desto mehr trägt es zur Entpersonalisierung bei. D. h., je mehr es genutzt wird, umso mehr gibt man seine Persönlichkeit preis – zwangsläufig und freiwillig.

Das ist ein ehernes Gesetz, das niemand bezweifeln kann. 2027 werden 80 Prozent der Menschen am Gängelband des Smartphones hängen. Unsere Lebenswirklichkeit wird nachhaltig auf digital umgestellt sein.

Der Datenschutz spielt eine untergeordnete Rolle. Die meisten Daten haben wir für unseren digitalen Doppelgänger freiwillig zur Verfügung gestellt. Privatsphäre gibt es kaum noch, den "sozialen" Medien sei Dank. Besonders krass ist das bei den Kindern und Jugendlichen. Die sind besonders freigiebig mit privaten Angaben. Sie sind ständig online, d. h., sie liefern permanent Daten. Sie lassen unaufhörlich jemanden durchs virtuelle Schlüsselloch in ihre Kinder- oder Jugendzimmer, mehr noch, in ihr Innerstes blicken.

Kommerzielle Datenagenturen erstellen digitale Nutzerprofile, der digitale Klon wird immer besser und besser vermarktet. Das Nutzerprofil kennt die Zeugnisse, es weiß ob man zuverlässig ist oder nicht, es kennt die Krankheiten, es kennt die Medikamente, es geht die sexuelle Orientierung daraus hervor, es weiß, ob er/sie Freunde hat, sein Sozialverhalten ist ihm bekannt, weiß, ob er computersüchtig ist. Zum Schluss ist es so, dass man vom Klon abhängt. Spätestens dann, wenn man sich für einen Job bewirbt. Dem Personalchef liegt die digitale Bewerbung schon vor, bevor man sie eingereicht hat.

Die Eltern sind meist Digital Natives der ersten Generation, die entweder keine Lust auf Kontrolle haben, oder denen das Selbstbestimmungsrecht ihrer Kinder über alles geht, die es zeitlich nicht schaffen oder die kapituliert haben.

Die stundenlange Nutzung digitaler Medien führt zur Entkoppelung von den natürlichen und den sozialen Lebensbedingungen. Es ist nicht mehr zwingend, dass ein Kind, ein Jugendlicher oder ein Erwachsener etwas über unsere natürlichen Lebengrundlagen, in echt, weiß. Sie finden alles im Internet, zu dem sie inzwischen eine höhere Affinität haben, als zur Wirklichkeit.

Sie haben weniger direkt-soziale Kontakte, da sie die "sozialen" Medien via Internet bevorzugen. Dort sind Kontakte schneller zu lösen, unwahrhaftiger zu führen, schneller neue "Freunde" zu finden, und es steht jederzeit jemand zur Verfügung. Die dadurch sinkende Sozialkompetenz erleichtert ihnen die Kommunikation.

Man spricht in beiden Fällen von "Kommunikation", bei der direkt-sozialen wie bei der digitalen Kommunikation.

Man übersieht dabei, dass die digitale Kommunikation eine Selbsttäuschung sein kann. Es ist wie beim Konsum: Man denkt, man sei es selbst, dabei ist es auch hier nur der Doppelgänger, die Kunstfigur, der mediale Zwilling. Bei der digitalen Kommunikation, zunehmend schriftlich, braucht es keine Wahrhaftigkeit, keine Authentizität, keine Ausdauer, keine Sozialkompetenz. Man kann die eigene Persönlichkeit dem virtuellen Gegenüber gestalten wie man sein will – und umgekehrt.

Die Sozialkompetenz ist teils schon heute so weit gesunken, dass in den "sozialen" Netzwerken Hass und Niederträchtigkeit verbreitet werden, dass es einem schlecht wird. Die Rücksichtslosigkeit mancher Smartphone-User geht buchstäblich über Leichen.

"Experten schätzen, dass bundesweit inzwischen jeder zehnte Verkehrstote auf die Ablenkung durch Handy zurückzuführen ist. 2016 wären das 321 Tote."[5]

Entpersonalisierte Handynutzer können töten.

Wenn man die Zahl der nicht ordnungsgemäß telefonierenden Autofahrer hochrechnen könnte, käme eine erschreckende Anzahl von Personen zusammen, die mit dem Leben anderer Menschen spielen.

Sie sind handyhörig, aber leugnen es.

Die Menschen, die sich selbst in Gefahr bringen, weil sie als Fußgänger oder Radfahrer das Smartphone benutzen, sind hier nicht berücksichtigt!

---

[5] Schwarzwälder Bote vom 04.12.17

Ich will's damit belassen. Es gäbe noch viele Gefahren in Verbindung mit dem Smartphone zu thematisieren: Die Gesundheit abseits vom Straßenverkehr, die politische Einflussnahme durch Datenklau, die Vereinsamung, soziologische Veränderungen, ...

Die Digital Natives der ersten und zweiten Generation werden es ohnehin nicht verstehen, oder wollen es nicht verstehen.

Die digitalisierte Welt wird Verwerfungen mit sich bringen, die sich heute schon abzeichnen. Im Jahre 2027 wird ein Grad erreicht sein, den sich niemand vorstellen will. Die Menschen haben entweder den Schutz der Illusion, oder sie haben aufgegeben.

11 Der Dienstleistungssektor –
ein digitaler Jobkiller

Wer meint, die Vierte Industrielle Revolution beziehe sich nur auf die "Industrie", der irrt. Die vernetzte Digitalisierung, das Internet der Dinge, die Künstliche Intelligenz ziehen sich durch alle Branchen, keine bleibt davon verschont.

Der Dienstleistungssektor ist genauso betroffen wie die Industrie. Banken, Versicherungen, Anwaltskanzleien, die Touristikbranche, der Einkauf, ..., alle Dienstleistungen werden in den nächsten Jahren heftige Umwälzungen erleben.

Man muss keine hellseherischen Fähigkeiten besitzen, um vorherzusagen, dass viele Jobs wegfallen, hochqualifizierte und niedrigqualifizierte. Ein Teil wird wieder geschaffen, aber meist nicht, für die Klientel, die ihren Broterwerb verloren hat.

Ein Führerschein, oder die Fähigkeit, freundlich Waren über den Scanner zu ziehen, oder das Tippen von Arztbriefen, wird wohl nicht mehr als Qualifikation ausreichen.

Ein Kraftfahrzeug lenken zu können, ist zu wenig: Autonome LKW, Busse, Bahnen, Autos, sogar Flugzeuge, Multitasking erfordernde logistische Aufgaben, Drohnen die Pakete zustellen – alle sind Konkurrenten für bisher sicher geglaubte Jobs.

Was die Kassiererin/den Kassierer im klassischen Einzelhandel betrifft, möchte ich lieber nicht in die Zukunft schauen: Einmal verschwinden Großteile des Einzelhandels, weil der Internethandel zu mächtig wird. Zum anderen, weil die vernetzte Digitalisierung selbstständig den Kunden abfertigt.

Belegerkennung, digitale Belegverarbeitung, Vertragsformulierungen, Buchungen, digitale Antworten, also alle formalen und wissensgesteuerten Texte kann der Automat erstellen. Was gemacht werden kann, wird gemacht. Zumal viele Texte dann direkt auf das Smartphone übertragen werden. Man spart nebenher noch den Drucker und den Toner.

Apropos Drucker: Steuerberater, Anwälte, Versicherungsfachleute, Banker und selbst der sicher gewesene Beamte müssen sich damit abfinden, dass sprachbasierte digitale Eingaben von Geschäftsbriefen dreimal so schnell gehen, wie getippte, und gleich vom Kunden auf dem Smartphone mitgenommen werden. Sie ersparen nicht nur den Drucker, sondern auch Zeit.

Die Spracherkennung, der Wortschatz und sogar der Stil des Diktierenden werden erkannt und selbstständig verfeinert. Das betrifft dann genauso die Kurzmitteilung als auch den PC-Schriftverkehr. Der Arzt, der Banker, der Anwalt, sogar der Mitarbeiter des Finanzamts, sind dann in der Lage, in Echtzeit deren originärem Geschäft nachzugehen und es zu dokumentieren, Formulare auszustellen, dem Kunden oder Patienten direkt zu übergeben, ...

Archiviert wird – natürlich – digital, in "Wolken". Clouds sorgen für die dauerhafte Speicherung. Welche

Anforderungen das für den Datenschutz bedeutet, brauche ich nicht zu betonen. Der Datenschutz kommt erst zum Schluss. Er wird seine Wertigkeit verlieren. Der Datenschutz wird, wissentlich, vielfach geopfert.

Für die hochqualifizierten Arbeitnehmer dürften jetzt die Alarmglocken läuten. Das besagt, dass längst nicht alle Jobs sicher sind. Eine Umschulung zu einer anderen Beschäftigung, wahrscheinlich in der IT-Branche, könnte anstehen. Sofern sie nicht zu alt dafür sind.

Der ganze Dienstleistungssektor steht zur Disposition – selbst der an Menschen. Mehr Konkretes dazu später.

Im Jahre 2027 ist nur noch die Hälfte der Arbeitnehmer in ihren alten Jobs beschäftigt. Ersatzjobs gibt es mehrheitlich fast nur noch in der hochqualifizierten Informatikbranche. Niedrig Qualifizierte haben das Nachsehen.

Verdeutlicht am Beispiel der Banken, Versicherungen und Anwälte.

Das Bankensterben hat längst begonnen. Zuerst in ländlichen Gegenden, jetzt ist der urbane Bereich dran. Keiner ist mehr auf die klassische Bank angewiesen. Ob Sie ihr Bankkonto verwalten wollen, ob Sie einen Betrag überweisen wollen, ob Sie einen Betrag anlegen oder einen (kleineren) Betrag aufnehmen wollen – die frühere Bank benötigen Sie nicht mehr. Bald bezahlen Sie überall mit dem Smartphone oder PayPal und verwalten Ihre Transaktionen oder führen Ihr Konto so.

Übrigens: Elon Musk hat mit PayPal als erster Morgenluft gewittert, wie mit Tesla im automobilen Geschäft, und hat jetzt die Nase vorn. Beides sind Beispiele, dass es so kommt, wie es kommen muss. Wenn nicht bei uns, dann bei andern. Windows, Apple, Google, Facebook, Uber, ...

Man kann die globale Technisierung, den Trend zur Automatisierung, nicht aufhalten.

Für größere Bankgeschäfte, wie Finanzierungen beim Immobilienkauf, gehen Sie noch zur Bank. Sie sehen eine völlig umstrukturierte Bank. Kaum noch Einzahlungs- oder Auszahlungsschalter, kaum noch einfache Mitarbeiter, die am Computer sitzen und akribisch genau Daten eintippen. Stattdessen Automaten, die das übernehmen. Mitarbeiter, die hermetisch abgeriegelt hinter schalldichtem Glas sitzen und den Kunden beraten, es sprachbasiert auf Bankcomputer eingeben und es aufs Smartphone des Kunden senden.

Scannen, validieren, archivieren, systemgestützt beraten – alles ist schon lange Basis. Nur die alten Kunden haben noch Schwierigkeiten mit der neuen Bank. Manche sind noch in der Lage zu lernen, manche bringen jüngere Angehörige mit, der Rest stirbt aus. Man muss den Menschen das System beibringen, nicht umgekehrt, das ist die knallharte Regel. Sonst geht die Bank oder die Sparkasse den Bach runter.

Mit dem System tun sich ältere Mitarbeiter schwer. Das, was sie mal genauestens von Hand gemacht haben, wurde nun automatisiert. Vogel friss oder stirb, alternativlos. Wer sich nicht an die Automatisierung anpasst, bzw. anpassen kann, verschwindet. Mehr als das: Durch die Automatisierung wird für die anderen Mitarbeiter die Arbeit verdichtet, komplexer und anspruchsvoller. Die Gefahr von Burn-out ist größer, indes, sie verdienen nicht mehr Geld.

Eine Begleiterscheinung: Die digitale Datenerkennung und -verarbeitung führt zur weiteren Vergläserung des Kunden. Es ist selbstverständlich, dass die Banken die Daten in ihrem Sinne verwenden. Es wäre ein Narr, wer daran glaubt, dass die Daten da blieben...

Daten sind das Gold der Vierten Industriellen Revolution. Eigentlich ist es nicht korrekt von "Industrieller" Revolution zu sprechen. Man sollte sie richtigerweise nur als Revolution bezeichnen.

Der einzige Unsicherheitsfaktor bleibt der Mensch. Er kann emotionale Entscheidungen treffen – gerade bei Beratungen. Dem kann man begegnen, indem man sich der Künstlichen Intelligenz bemüht: Der Roboter wägt nur Risiken und Chancen in Form von Algorithmen ab, egal ob jemand verzweifelt vor ihm sitzt, und um Verlängerung seines Darlehens bittet, weil etwas Schwerwiegendes vorgefallen ist. Roboter sind unbestechlich und gnadenlos.

Die Versicherungsbranche trifft es in gleicher Weise. Viele Mitarbeiter mit einfacher und mittlerer Qualifikation werden verdrängt werden durch Automaten und durch Abschlüsse per Computer oder Smartphone. Vergleichsportale sorgen dafür, dass die Angebote transparent sind. Es kommt dem Kunden entgegen, dass er bequem von überall Abschlüsse tätigen kann, dass er nicht von – wie wir wissen, nicht immer ehrlichen – Versicherungsverkäufern zugetextet werden kann und dass er keine peinlichen Fragen einem Menschen aus Fleisch und Blut beantworten muss.

Die Automatisierung und die Künstliche Intelligenz werden bald so weit gehen, dass Klauseln in die Verträge kommen. Gebrechen, Hinderungsgründe wie Krankheit oder Schwangerschaft, versteckte Risiken oder absichtliche Täuschungen werden bis 2027 nicht mehr zu verbergen sein. So wie der Kunde sich der Vergleichsportale bedient, versorgt sich der hochspezialisierte Mitarbeiter der Versicherung von einer Agentur, die den Kunden im Visier hat. Der gläserne Kunde wird von Datenspezialisten angeboten, oder gleich selbst durchleuchtet. Digitales Röntgen.

Zuletzt erfordert es keine hochspezialisierten Mitarbeiter mehr, oder nur noch wenige.

Selbst der Juristerei, die bisher aufgrund ihrer Verzweigtheit und ihrer Verzwicktheit der Fälle, relativ krisenfest zu sein schien, geht es an den Kragen: Anwälten sowie Büromitarbeiterinnen und Mitarbeitern. Den letzten beiden Gruppen, man ahnt es, wird es ergehen, wie denen in Arztpraxen, in Banken, bei Notaren, bei Versicherungen, ..., sie sind überflüssig. Sprachbasierte Automaten, Gestenerkennung, Künstliche Intelligenz, ...

Die Zahl der Anwälte wird bis 2027 wohl halbiert.

Lernende Automaten sind keine Maschinen, die nur Befehle ausführen, sie erkennen selbstständig Probleme und lösen sie. Sie übernehmen die Arbeiten von Anwälten. Sie durchstöbern Gerichtsurteile in einem Bruchteil der Zeit, wie es Anwälte machen. Dabei gehen sie von Emotionen unbeeinflusst vor – wenn es sein muss, 24 Stunden am Tag. Zudem sind sie billiger, gesundheitlich robuster und machen weniger Fehler.

Das wäre so fortzusetzen, welchen Bereich des Dienstleistungssektors man auch nimmt. Das macht nicht vor Dienstleistungen an Menschen halt, wie das nächste Kapitel aufzeigen wird.

Schon jetzt stellt sich die Frage: Wohin mit den Menschen, die keine Arbeit mehr haben. Ob das Bedingungslose Grundeinkommen (BGE) eine Lösung ist?

Ich weiß es nicht. Damit bin ich nicht allein. Die Befürworter wissen es nicht. Die Gegner wissen es nicht.

Fakt ist: Die Vierte "Industrielle" Revolution ist mit keiner vorhergehenden zu vergleichen. Sie ist schneller, alles umfassend und radikaler. Keine Grenze stoppt sie, keine Wirtschaft kann sich ihr entziehen.

2027 haben wir die Anfänge der Fünften Revolution. Der Begriff "Industriell" kann getrost gestrichen werden. Revolution.

Der Mensch wird zunehmend mehr zum Erfüllungsgehilfen von, auf Künstlicher Intelligenz basierten, Robotern.

12   Ein Selbstversuch – Pflege im Jahre 2027

Es ist quasi ein doppelter fiktiver Versuch: Erstens, die Einschätzung des Standes der Technik in der Altenpflege und zweitens, die Vorstellung, dass ich noch lebe.

Die Altenpflege ist ein Sektor, bei dem nur wenige an die vernetze Digitalisierung denken. Mir graut es dabei, wenn ich in diesem Rahmen, von "Waschstraße", von "Smartglasses" und "Smartwatch", von "Wearables", von "Emotionsrobotik" und mehr höre.

Die Einschätzung des Standes der Technik basiert darauf, was heute schon geht und seinen Schatten vorauswirft. Es wird schonungslos angewandt.

Ethische Hemmnisse gibt es (fast) keine. Zaghafte Versuche gibt es schon, aber nur in Ansätzen. Es ist davon auszugehen, dass auch in der Pflege der Alten die Gesetze der Produktivität gelten werden, zumal einerseits die Pflegerinnen und Pfleger fehlen, andererseits die Pflegeheime und die ambulante Pflege jetzt schon nicht mehr wissen, wie sie die Kosten finanzieren sollen. Rein zahlenmäßig muss sich unsere Gesellschaft auf mehr Alte einstellen.

Die zweite Vorstellung, dass ich im Jahre 2027 noch lebe, ist, statistisch gesehen, nicht möglich.

Es ist ethisch daher nicht vorwerfbar, wenn ich, versuchsweise, in die Rolle eines Pflegebedürftigen schlüpfe.

Ich stelle mir vor, ich wäre im Pflegeheim, einem fortschrittlichen, hätte davor noch einen Schlaganfall gehabt, wäre rechtsseitig gelähmt. Ich denke normal, ich verstehe alles, nur Sprechen und Schreiben kann ich nicht mehr.

Das Pflegeheim wurde erst gebaut. Es wurde auf den Erkenntnissen der neuesten Forschung gebaut. Schließlich will das neue Heim auf Veränderungen besser vorbereitet sein, als das alte. Das war vor der Vierten Industriellen Revolution gebaut. Mittlerweile haben wir den Anfang der Fünften Revolution, die alles vernetzende Robotik, die Künstliche Intelligenz, die den Menschen zusehends in Form eines Substituts einsetzt.

Am Empfang sitzt kein Mensch, da meldet sich der Besucher mit dem Smartphone an. Man sieht, wo sich der Angehörige befindet und was er gerade macht, also, ob er sich gerade vor dem Fernseher im Zimmer befindet, oder ob er sich auf der Gartenterrasse sonnt. Die Leitung hat Zugriff auf das Terminal und kann Nachrichten hinterlassen, z. B., wenn sie/er den Angehörigen sprechen möchte.

Das Haus hat kurze Flure: Es ist als "Kreuzbau" angelegt: In der Mitte sind Gemeinschaftsräume und Funktionsräume und über die Gänge werden die Zimmer versorgt. Es ist höher, als die früheren. Das Prinzip hat sich durchgesetzt. Die gesamte Versorgung für die Bewohner weist kurze Wege auf: Pflegehandlungen für Pflegerinnen und Pfleger, für den Essensroboter, für Notfälle, für Pflegeroboter, Emotionsroboter und die Reinigungsroboter.

Da, wo sich die Gänge treffen, in der Mitte, sind die seillosen Aufzüge. Die sind viel schneller als früher, besonders die Lastenaufzüge für das Essen und die Bettwäsche und was sonst so für die Versorgung gebraucht wird.

Die Zimmer haben automatische Schiebetüren. Sie sind praktisch angelegt. Pfleger und Roboter kommen gut zum Bett. Nichts hindert den freien Zugang zu den "Usuals", zu den Pflegemitteln jeder Art.

Es ist eine Konsole da, die die Pflegemittel und die Medizin aufnimmt. Das "Herz", von allem, ist aber ein Computer mit Touchscreen-Monitor, unten am Bett, der fast alles beantworten kann und daher alles wissen muss. Da wird der Pfleger an- und abmeldet. Die Roboter werden auch automatisch angemeldet, alle Daten werden in die elektronische Patientenakte (ePA) aufgenommen, Daten zum Pflegepatienten werden bereitgehalten, Auskunft zu Abläufen und Medikamenten gegeben. Da werden die Vitaldaten der zu Pflegenden gespeichert und der gleiche Monitor kann für die Bewohnerin/den Bewohner, z. B., einen Spielfilm abspielen.

Auf diesen Computer kann jeder, der für die Klientin/den Klienten zuständig ist, von überall in dem Haus mit dem Smartphone zugreifen. Alle Daten gehen zudem noch auf einen zentralen Rechner, das zentrale Terminal.

Gleich nebenan, aber noch im Zimmer, ist die Nasszelle, mit Dusche, Pflegebad und Toilette.

So sieht mein Zimmer aus.

So sieht mein Tag aus:

Es ist sieben Uhr. Ich konnte früher nie so lange schlafen. Aber seit ich die Matratze habe, schlafe ich länger. Da ich rechtsseitig gelähmt bin, hatte ich immer wunde Stellen. Da habe ich eine Matratze bekommen, die mich alle zwei Stunden in eine andere Lage bringt. Mittels Luftkammern verformt sie sich, dass ich im Schlafen umgedreht werde. Die entsprechende Lage wird in meiner ePA, meiner elektronischen Patientenakte, festgehalten. Die Matratze ist eine feine Sache.

Mit den "Wearables" (Wäsche, die mit dem Computer kommuniziert) habe ich mich nicht so angefreundet. Die tragbare Wäsche enthält Sensoren, die mich überwachen. Wenn ich nun gerne eine Stimme gehört, einen Menschen, der reinkommt, gesehen hätte, dann bleibt der Wunsch meist unerfüllt. Was der Mensch tun würde, haben die Sensoren in meiner Wäsche schon längst getan: Blutdruck, Puls und Fieber gemessen, und selbst, wenn ich in die Windel gemacht hätte, sähe man das am zentralen Rechner. Kein Grund, zu kommen, zumal ich ein Medikament bekomme, das den Blasendrang hemmt.

Die "elektronische" Windel ist grausam. Sie muss sein. Nicht, dass ich sie wirklich bräuchte. Weil ich halbseitig gelähmt bin, zur Sicherheit. Sonst müsste nachts immer ein Pfleger kommen. Den Luxus könne man sich nicht leisten.

Einen Sensor brauche ich daher nicht: den "Out-of-Bed-Sensor". Der zeigt an, wenn der zu Pflegende das Bett verlassen hat. Das ist wichtig bei demenziell Erkrankten. Er ist GPS-basiert und zeigt den Aufenthalt auf fünf Meter genau an.

Es ist ein Aufenthaltsbereich definiert und wenn er den verlässt, erscheint am zentralen Computer, als auch auf dem Smartphone des zugewiesenen Pflegers, ein Signal. Der Sensor zeigt zudem an, wenn ein Sturz erfolgt ist, und warum. Wenn der Bewohner zur arg "beschleunigt" hat, oder wenn er über ein Hindernis gestürzt ist. Na ja, ich bin halbseitig gelähmt.

Andererseits, wäre ich nicht gelähmt, wäre es für mich auch zweckmäßig: Da wüsste man, wo ich mich aufhielte. Ich kann mich nicht mitteilen. Da ich weiß, dass ich nur wirres Zeug rede, wenn ich den Mund aufmache, lasse ich ihn lieber zu. Ich will das Richtige sagen, ich sehe es ganz genau vor meinem "geistigen Auge", und dennoch kommt nur wirres Zeug. Das Schreiben ist mir auch unmöglich. Das hängt mit dem motorischen Sprachzentrum zusammen. Das begreift keiner, dass man nichts sprechen oder schreiben kann, aber alles versteht. Das ist ein Elend. Das Elend nennt sich Sprach-Aphasie.

Oft sage ich mir, es wäre besser, ich würde nichts mitkommen. Elend zwar sehen und nicht verstehen, ist besser, als Elend sehen und nicht verstehen.

Dieser Satz ist etwas kryptisch, erläuterungsbedürftig.

Viele Mitbewohner sind wohl in der Lage, das Elend zu sehen, aber sie verstehen es nicht. Sie sehen es, aber wissen nicht mehr, wo sie sind und was man mit ihnen macht.

Das ist bei mir anders. Ich sehe das Elend der digitalen Pflege, aber kann es nicht verstehen, warum das so sein muss. Mir wären Menschen lieber. Ein bisschen Elektronik, das könnte schon sein. Nichts geht über die menschliche Stimme, die nicht nachgemachte, mit der sie Freude, Trauer, Anteilnahme oder nur das Wetter mitteilen kann.

Über kurz oder lang führt das für mich zu Depressionen. Ich glaube, das ist für Pfleger auch schwer zu verstehen. Nichts sagen zu können oder blödes Zeug sagen zu müssen, ist für das Gegenüber einerlei.

Mit der einen Hand fuchteln zu können, reicht grad, um mich zu ernähren. Mit der Fähigkeit habe ich es knapp noch auf die Station geschafft. Andernfalls wäre ich bei den "Vollautomaten" gelandet. Die sind zwar pflegeleichter, weil sie vollautomatisch versorgt werden, aber noch elender dran. Sie wissen es nur nicht...

Wenn ich mir vorstelle, bei (noch) geistiger Gesundheit bei den Vollautomaten gelandet zu sein, und keine Chance hätte, das Leben zu beenden...

Viele Möglichkeiten blieben jetzt auch nicht – aber es gibt sie. Und, so kann ich wenigstens den Fernseher einschalten. Das Programm ist meist tödlich. (Kleiner Scherz am Rande.)

Meine Gedanken, die sich immer wieder aufdrängen: Pest oder Cholera. Alles liegt am Bundestag. Den gibt es noch. Auch lauter "Vollautomaten", denke ich.

Hehre Gedanken zum Suizid. Fühlt man sich mehr der geschrumpften Kirche verpflichtet, als den Menschen? Gibt es bei der Kirche irgendeine Instanz, die sicher weiß, nicht nur glaubt, was ein selbstbestimmter Tod ist? Sicher nicht. Keiner der entscheidet, liegt hier und siecht vor sich hin.

Warum kann ich nicht selbst bestimmen, was mit mir geschieht?

Der Tod gehört zum Leben, sagt man, und ist eine ganz persönliche Sache. Warum maßen sich andere an, mir die Entscheidung abzunehmen?

Zurück zum Pflegeheim.

Der zentrale Computer ist rund um die Uhr besetzt. Diese Einrichtung überwacht jeden Bewohner. Das halbiert die Zahl der Nachtdienstleistenden, das entlastet die Tagespflegekräfte und minimiert somit Kosten.

Mit der Fernbedienung schalte ich den Fernseher ein. Es dauert noch eine Weile, bis der Frühstückswagen kommt. Wir nennen ihn immer noch so. Obwohl es eigentlich so eine Art von Roboter ist. Da schiebt sich die Türe zurück. Herein kommt das Frühstück. Der Wagen, der das Frühstück für uns alle auf der Station geladen hat, kommt von ganz allein herein. Er kennt den Weg. "Guten Morgen, Frank.", hat man ihm beigebracht, zu sagen.

Mein Kopfteil des Bettes wird hochgestellt und die Matratze wird teils aufgepumpt, ich sitze. Der Wagen weiß, dass ich sitze, er hat Kameras und kann Entfernungen messen.

Alle auf unserer Station können noch sitzen und selbstständig essen. Wir bekommen noch hand- und beißfeste Nahrung. Manche bekommen die "Speisen" schon über eine Magensonde oder Essen in Tablettenform.

Na ja, wir stellen den Roboter vor keine hohen Schwierigkeiten. Er greift mit einem Arm ein Tablett, von dem beim Verlassen des Wagens vier Beine herunterklappen – für mich in der Länge, dass es aufs Bett passt – und stellt es hin.

Alles ist für Linkshänder gerichtet, das Brot schon geschnitten und geschmiert, sogar der Kaffeepott steht links.

Als alles bereit ist, meint er noch "Guten Appetit, Frank.", und geht, besser rollt, ins nächste Zimmer. Dass ich nicht grüße, ist ihm egal. "Guten Morgen und guten Appetit, Frank.", sagte er jedes Mal. Sein Wortschatz reicht nicht weit. Bis elf Uhr sagt er "Guten Morgen, Frank.", ab elf Uhr meint er "Schönen Mittag, Frank." und ab 17 Uhr sagt er "Guten Abend, Frank." Viel mehr kann er nicht sagen, weil er es auch nicht benötigt. Dafür gibt es andere Roboter.

Nach der Nahrungsaufnahme erwartet mich die Morgentoilette.

Für die Sache haben wir etwas ganz Besonderes. Erst wenige Pflegeheime haben so etwas. Ich bin sicher, er wird sich durchsetzen: Der "Humanoid". Der Humanoid ist ein menschenähnlicher Roboter, der bei uns zur Erprobung zum Einsatz kommt. Es gibt ihn schon lange. Er ist schon zur Marktreife entwickelt, es haben sich nur wenige Heime getraut, ihn einzusetzen. Bei uns ist baulich alles vorhanden, was er an Voraussetzungen braucht. Er kann nicht so gut laufen: Bei uns sind es kurze Wege, keine Stolperfallen, schnelle Aufzüge. Er ist kein Transportroboter, an den vergleichsweise geringe Ansprüche gestellt werden, er ist ein Humanroboter.

Er heißt übrigens "Karl", darauf haben sich die Bewohner geeinigt.

Karl ist sprachbegabt und reagiert auf Gesten. Er ist mit den Daten der Bewohner "gefüttert". Er weiß, dass ich halbseitig gelähmt bin und dass er von mir keine Antwort erwarten darf – normalerweise reagiert er auf Sprache.

Es ist jedes Mal eine spezielle Pflegerin oder ein spezieller Pfleger dabei: Ein Pfleger mit Humanoid-Kenntnissen. Das ist generell für Pfleger wichtig. Nur die Pflegefälle zu kennen, die Pflegeleistungen zu erbringen und dabei etwas menschlich zu sein, reicht nicht mehr. Gute IKT-Kenntnisse, also gute Informations- und Kommunikations-technik-Kenntnisse, gehören dazu.

Karl ist mir lieber. Mir ist unpersönlich-professionell bei den Tätigkeiten, die er macht, lieber. Er kommt rein, der Pfleger hinterher. Die Matratze senkt sich. Der Pfleger lässt das Wasser in die Badewanne ein, während der Roboter mich auszieht.

Zuerst das "Wearable", die Jacke mit den Sensoren. Karl macht das sehr behutsam.

Mit seinem linken Arm hält er meinen Oberkörper und zieht zuerst mit seiner rechten Hand den Ärmel meines linken Arms aus, und, nachdem er mich wieder abgelegt hat, dreht er mich mit dem linken Arm und zieht die Jacke ganz aus.

Ich hätte mir das nie vorstellen können. Als er den Sensor von der Windel abzieht, spüre ich, dass das mir lieber ist, als wenn der Pfleger das machte.

Er zieht die Windel aus und legt sie weg. Danach bückt er sich zu mir runter, bittet mich, den linken Arm um seinen Hals zu legen.

Er fasst mich kräftig unter den Armen an, seine Kraft ist wohl dosiert, und trägt mich zur Nasszelle. Die Intimwäsche könnte, nach Bedarf, auch im Bett stattfinden. Er setzt mich zuerst aufs WC. Er hält mich solange fest. Die Reinigung und Spülung funktioniert vollautomatisch. Nun kommt der angenehme Teil, das Bad. Das übernimmt der Pfleger, nachdem mich Karl in die Wanne gesetzt hat.

Nichts gegen Karl, aber das macht der Pfleger besser. Der hat inzwischen das Bett gemacht und die Bettwäsche, die Windel für den Abtransport gesondert, abgelegt. Mit Seife von Kopf bis Fuß – ein Genuss! Das größte körperliche Vergnügen des ganzen Tags!

Schon kommt Karl wieder und bittet mich, den linken Arm um seinen Hals zu legen. Er hält mich fest, der Pfleger trocknet mich ab. Dann zieht der Pfleger mir Unterwäsche, eine Jogginghose und Strümpfe an, und schließlich setzt mich Karl in einen speziellen Rollstuhl.

Das "Wearable" brauche ich nicht, das meiste übernimmt der Rollstuhl. Was er nicht übernimmt, funkt die Smartwatch.

Ich genieße es, einen Pulli zu tragen.

Karl hat es noch nie gehört, dass ich mit ihm zufrieden bin. Aber er ist sensibel genug, es zu merken. "Hat es dir gefallen, Frank?", fragt er. Wenn ich nicke, streckt er mir die linke Hand entgegen und bedankt sich.

"Auf Wiedersehen. Einen schönen Tag. Bis später.", meint er, nicht von einer Menschenstimme zu unterscheiden.

Unterdessen hat der Pfleger mir die wenigen Haare gemacht. Das ist produktiver und menschlicher: Er macht es schneller als Karl und er weiß, dass ich das mag. Dann gehen sie zum nächsten Bewohner, der die Beiden schon sehnsüchtig erwartet.

Inzwischen rollt ein unfreundlicher Roboter ins Zimmer. Obwohl er nur die Dreckwäsche und die Windel abholt, könnte er "Grüß Gott.", oder sowas sagen. Aber er braucht keine Sprache, um die niederen Dienste zu erledigen.

Mein spezieller Rollstuhl: Er ist elektrisch, mit einem Joystick an der linken Seite steuerbar. Er ist elektronisch, ist verbunden mit dem Zentralrechner, hat GPS, kann Vitalwerte erfassen, hat aufblasbare, luftgepolsterte Sitzkissen für eines meiner Leiden, und ist mit Smartglasses ausgestattet. Luxus.

Die Smartglasses sind zur Überwachung, für mich aber mehr zur Unterhaltung: Filme aus meiner früheren Zeit. Schule, als sie noch nicht digital war, sondern in der Grundschule ganz primitiv aus Büchern gelernt wurde, Freizeitbeschäftigungen mit Erlebniswert, Menschen, die noch nicht angestöpselt waren. Das ist schon 40 oder mehr Jahre her.

Ich träume ab und zu davon. Ich glaube, es liegt an meinem Stadium. Ich erinnere mich an früher und blende das Jetzt aus. Ich bastle mir eine Welt. Das muss psychologisch bedingt sein.

Aber immerhin, ich habe den Rollstuhl. Der darf nur in einem festgelegten Radius vom Heim aus fahren, aber ich bin "mobil". Ich kann die geliebten alten Bücher in der Bibliothek lesen. Das glaubt mir zwar keiner, dass ich die Bücher verstehe, aber die verstehen mich sowieso nicht.

Ich bin, so gesehen, in einer merkwürdigen Lage: Ich kann mich nicht unterhalten. Doch, wenn ich es könnte, mit wem? Es sind nur Leute da, die siechen vor sich hin: Alzheimer, Amputierte, Senile, einfach Menschen, die mehr vom Tod gekennzeichnet sind, als vom Leben – und die Windel tragen. Letzteres brauche ich nicht. Da rolle ich aufs Zimmer und kann Karl anfordern. Die Einzelheiten möchte ich mir ersparen, aber er kann's. In der Abwägung, was „würdevoller" ist, ist das die weniger schlechtere Variante.

Ich glaube nicht, dass das Sprechen unterhaltsam wäre. Mit anderen Pflegebedürftigen ohnehin nicht. Mit Karl? Der weiß alles, was mit Pflege zu tun hat. Von „draußen" hat er keine Ahnung. Mit Pflegerinnen oder Pflegern vielleicht: Wenn die sprechen, kann ich zuhören. Aber wann sehe ich die mal?

Ich kurve so oft es geht rum, das ist für mich unterhaltsam. Um halb zwölf muss ich da sein, d. h., auf dem Zimmer sein. Bin ich nicht da, ertönt ein Signal auf dem Zentralrechner. Es ist besser, da zu sein!

"Schönen Mittag, Frank." Diesmal stellt er das Tablett mit dem Essen auf den Tisch. "Guten Appetit, Frank."

Ich könnte ihn würgen, wenn ich könnte. Ich könnte ihn verfluchen, wenn ich könnte.

Dabei macht er nur seinen Job, bestmöglich. Dafür, dass er kein Mensch ist, kann er nichts.

Ich rolle an den Tisch und esse und trinke.

Nach dem Essen hatte ich immer ein Mittagsschläf-chen im Bett gemacht, bevor ich ins Heim gekommen bin. Nur ein Knopfdruck, und der Rollstuhl nimmt eine andere Stellung ein. So halbschräg liege ich da und schlafe. Eigent-lich geht's mir nicht schlecht.

Danach beschließe ich, in die Bibliothek zu gehen, par-don, zu rollen. Da ist fast nichts los. Da liegen Bücher und man darf sie einfach nehmen. Sie werden nicht registriert – wie schön. Es ist niemand für die Ausgabe da. Der Auf-wand lohnt sich nicht. Man muss sie wieder zurückbrin-gen. Ganz schön altmodisch. Andererseits: Wer liest noch Bücher, selbst wenn er es könnte?

Ich verbringe heute den Mittag mit Lesen. Es gibt schon so etwas ähnliches, wie "Gesprächskreise", aber meist spricht niemand. Man geht halt hin und ist unter Leuten. Man könnte ja sprechen, wenn man wollte oder könnte... Ich ziehe es vor, da nicht hinzugehen. Drei runde Tische und drumrum sitzende Leute, fast keiner sagt was, fast keiner spielt etwas, manche sitzen da, und schlafen.

Ich wage nicht von "Menschen" zu sprechen.

Den "Emotionsroboter" möchte ich nicht anfordern. Ja den gibt's! Schon seit vielen Jahren – inzwischen ist er al-lerdings weiterentwickelt. Er, bzw., sie ist interaktiv! Sie heißt "Finchen" und ist eine elektronische Robbe. Sie ist etwa einen halben Meter lang, wie ein junger Heuler, ist kuschelig weich behaart und hat die gleichen Körperteile wie eine Robbe – äußerlich. Sie hat einen herzzerreißen-den Blick mit ihren schwarzen Kulleraugen. Sie rollt sie entzückt, wenn man sie streichelt. Sie brummt, wenn man sie gut behandelt und sie wimmert, wenn man ihr gegen das Fell streichelt! Aber brummen und wimmern ist nicht alles was sie kann: Sie kann sprechen! Finchen kann wohl an keinen politischen Diskussionen teilnehmen – die Benutzer auch nicht – aber sie kann auf einfache Fragen antworten. Wird sie gefragt, wie es geht, dann hat sie einen ganzen Kanon, aus dem sie auswählen kann. Kommt darauf an, wie man sie gestreichelt hat. Sie kann aber auch nachfragen, warum sie nicht gestreichelt wird oder, warum so grob.

Sie kann sogar robben – von Mensch zu Mensch!

Sie ist kompatibel für demente, einsame oder emotionsmäßig vernachlässigte Menschen. Sie ist für diese Menschen gut und wird auch großartig angenommen. Es gibt das Finchen auch – mit anderen Namen – als Hund und Bär. Diese fellbezogen, "emotionalen" und interaktiven elektronischen Gesellen, sind nichts für mich.

Zum Glück bin ich anders krank, als dass ich das für normal halten würde. Noch kann ich, den Hilfsmitteln sei Dank, im Garten sitzen und lesen. Den schönen Spätsommertag noch genießen.

Auf das Abendessen freue ich mich. Da kommt wohl auch der Transportroboter und sagt, "Guten Abend, Frank.", aber nach dem Essen kommen Karl und der Pfleger.

"Hallo, Frank, wie geht's?", fragt er. Der Pfleger grüßt natürlich auch. "Wie war dein Tag?", will Karl wissen. Er weiß, dass ich nicht sprechen kann, und trotzdem fragt er.

Der hat aber Anstand! Er kann meine Mimik und Gestik deuten.

Er macht alles in umgekehrter Reihenfolge. Das Bett ist schon gemacht, da legt er mich rein, legt mir das Wearable an, leider auch die von mir gehasste Windel mit Füllstandsanzeiger per Computer – aber alles sehr empathisch. Der Pfleger ist auch sehr freundlich. Er richtet zwischenzeitlich die Medikamente und verabreicht sie mir, richtet alles für morgen. Ob noch was sei, fragt er. Mir fällt nichts ein! Karl und der Pfleger verabschieden sich höflich und gehen.

Jetzt, nachdem alle Daten übertragen wurden, und keine Beanstandungen sind, steht der Tausendsassa unter den Computern wieder mir zur Verfügung. Er läuft, dank des Wearables, heimlich unaufhörlich weiter. Während er aufzeichnet, laufen Nachrichten.

Eigentlich geht's mir schon gut. Meine noch tätigen Körperfunktionen werden optimal versorgt. Und, was das Tollste ist: Ich bin in meinen restlichen Funktionen noch leidlich lebensfähig – weil es sein muss.

Weil niemand **"lebensfähig"** und **"lebenswert"** unterscheidet.

Da sind sehr sensible und sehr persönliche ethische Fragen berührt. Dabei geht es nicht nur um die Ethik der Digitalisierung, sondern auch um die Ethik des Persönlichen des Menschen, die Ethik des Individuellen. Es gibt in diesem Fall keine pauschale Regelung.

Insofern reicht die "Logik der Digitalisierung" bis in die intimsten persönlichen Rechte des Einzelnen und darf nicht im Schutze eines religiösen Dogmas diskutiert werden.

Das werfe ich Politikern vor, dass man stur unter dem Deckmantel religiöser Dogmen diese Frage diskutiert.

Zu Fragen der Digitalisierung der Pflegeheime, die zwangsläufig kommen werden, müsste auch die Frage der Individualisierung des Todes erörtert werden.

Denken wir die Digitalisierung der Pflegeheime zu Ende.

Die Gesellschaft wird entpersonalisiert, das Familienbild verändert sich völlig, weil die Söhne und Töchter, schon fast zwangsweise, beruflich auf der ganzen Welt verstreut sind – die Gesellschaft wird atomisiert – und die Alten werden in "Pflegeheime" eingewiesen, um nicht zu sagen, abgeschoben. Das noch vorhandene Personal ist überlastet aber engagiert. Ich warte darauf, dass außer Robotern, jeder genommen wird – auf die Qualifikation kann nicht mehr geachtet werden.

Menschenverachtend. Menschenmissachtend. Menschenvernichtend.

Das Letzte wird für manche etwas zu krass sein.

Wie man bei meinem, nicht weit hergeholten, "Selbstversuch" sieht, wäre es bei mir so weit gekommen!

Was ich so süffisant geschildert habe, hätte zum Martyrium aus Sozialentzug und Sinnlosigkeit und schließlich zum Tod geführt.

Der Tod hätte mich irgendwann erlöst. Und dann? Ab ins Krematorium. Digital.

Der Transport, die Einäscherung, die vorgestanzte Mitteilung für die Zeitung (oder was davon noch übriggeblieben ist), eine kirchliche "Grabrede" hätte ich nicht gewollt – mangels Grab und mangels Glaube – und ab mit der Urne zum Friedwald.

Der Friedwald hätte mir gefallen. Die vollautomatische "Beerdigung" wäre mir egal gewesen – nur das davor, das hätte ich mir lieber erspart.

Darf so weit die Digitalisierung der Pflegeheime gehen? Können wir uns keine würdevolleren mehr leisten?

Wenn wirklich nicht, dann muss man ohne Scheuklappen über die Individualität des Sterbens ernsthaft nachdenken.

"Individualität" ist das Leitmotiv einer offenen Gesellschaft – bis es ans Sterben geht.

13   Der Cyber- und der KI-Krieg

Der Cyberkrieg schwirrt schon seit gut 20 Jahren durch die Köpfe derer, die auf futuristische Unterhaltung stehen. Das sind Menschen, die fasziniert sind von virtuellen Szenarien. Nervenkitzel durch apokalyptische Waffen, barbarische Gestalten, die sich derer bedienen und die das All beherrschen wollen – oder die, von dort bedrohte, Erde beschützen wollen. Das hat mit der Science-Fiction aus den 70er oder 80er Jahren des letzten Jahrhunderts nichts mehr zu tun. Da war der Abstand des Erfundenen, des Fiktiven, Lichtjahre vom Realen entfernt. Das war für viele imaginär.

Wer erinnert sich noch an Perry Rhodan, den Helden des Alls? Held der Spinner, für die einen. Kultfigur für futuristische Geschichten, für die andern. Heute ist der Abstand der Szenarien, der Waffen und der Handelnden geringer, näher am Realen. Selbst das Menschsein und gleichzeitig Roboter, ist nicht mehr undenkbar. Das unterscheidet die vergangene Science-Fiction vom heutigen Star-Wars-Szenario: "Imaginär" ist heute fast nichts mehr. Unvorstellbar, also wirklich "nicht vorstellbar", gibt es kaum mehr. Fast alles ist vorstellbar. Die Wirklichkeit nähert sich den Szenarien an.

Schon Vieles ist real. Nur die Illusion hält uns davon ab, das Reale zu sehen.

Cyberkrieg ist zuerst mal kein Krieg der Staaten, sondern ein Krieg, der sich in den digitalen Zentralen der globalisierten Handelsketten, von hochtechnisierten Unternehmen, von allen zivilen Rechnern, abspielt. Man spricht nicht von "Krieg", sondern von "Verwundungen", das digitale System ist verwundbar.

Wenn, z. B., das Sicherheitskonzept einer weltweit operierenden Handelskette für zwei Stunden lahmgelegt wird, entstehen enorme Verluste. Das kann durch einen Hacker geschehen, der in die digitale Zentrale von Sony, LG, Ford, VW, Kuka, JP Morgan, ..., eindringt.

Jedes Unternehmen besitzt kostbare Daten, die durch Hacker von Konkurrenten oder Geheimdiensten oder – noch schlimmer – von Extremisten ausspioniert, riesige Schäden verursachen können. Sowohl materielle, sowie strategische als auch körperverletzende oder gar tödliche Folgen kann es haben. Geheime Daten von höchster Brisanz, die es unabdingbar machen, dass die Institutionen, Firmen oder Abteilungen eigene Abwehrstrategien entwickeln.

Die Strategien funktionieren nach dem Prinzip von "Hase und Igel". Das Internet der Dinge, die Automation von Betrieben, die Künstliche Intelligenz, machen große, wie mittelständische Unternehmen, anfälliger.

Im Moment sieht es so aus, als ob der Schutz der Daten wohl im Blickfeld der Unternehmen läge, aber mit dem Tempo der Technisierung nicht standhielte.

Je höher der Vernetzungsgrad, desto höher ist das "Angriffspotential", desto mehr Angriffsfläche bietet der Betrieb. Der Datenschutz hat das Nachsehen.

Die Dunkelziffer der Schäden weltweit ist hoch, aber nicht quantifizierbar. Viele Institutionen und Betriebe halten die Attacken geheim. Die Dunkelziffer dürfte weit über den zugegebenen Schäden liegen. Mit jedem erfolgreichen Angriff geht ein Imageverlust einher.

"Angriff" auf Daten – man könnte ruhig von Krieg, von zivilem Krieg, sprechen.

Die Verluste für die Firmen entstehen durch Ausfälle in der Produktion, durch Störungen in der Logistik und durch Ausspionieren von Innovationen. Welche staatliche oder private Institution gibt sich die Blöße, Ziel einer erfolgreichen Attacke gewesen zu sein? Sie können strategischer Natur sein, können politisch begründet oder extremistisch motiviert sein. Fakt ist, je höher der Grad der Digitalisierung, je komplexer die Automatisierung, umso höher ist die Gefahr einer "zivilen" Attacke.

Der Cyberkrieg ist latent, aber allgegenwärtig bei den Betroffenen. Wenn man sich vorstellt, was er im zivilen Bereich anrichtet, kann man sich ausmalen, was er auf dem politischen und militärischen Sektor für Bedrohungen darstellt.

Der politische Sektor ist zum Teil zivil – parteiintern und parteistrategisch – zum andern ist er militärisch. Das beschränkt sich nicht nur auf das Verteidigungsministerium.

Wie es zu Überschneidungen kommt, das zeigt die Wahl des amerikanischen Präsidenten eindrücklich. Es ist (noch) nicht gerichtsfest bewiesen, aber der Schluss liegt nahe, dass der amerikanische Präsident in Russland gemacht wurde. Zu viele Indizien sprechen dafür. Damit hätte man in Russland die militärischen Weichen Amerikas gestellt. Die Wahl des, für seine offensive, aggressionsfreudige militärische Haltung bekannten Trump, ist mittels Methoden des Cyberkriegs manipuliert worden.

Russland hätte einen doppelten Nutzen davon: Trump wird es Putin ewig danken (müssen), dass seine Cyberabteilung sich so sehr für ihn eingesetzt hat. Er wird zudem sich naiv hinter seine Pläne stellen. Das Atomabkommen mit dem Iran kündigen und den Säbelrassler im Konflikt mit Kim Jong Un spielen, damit Putin sich offiziell als Schlichter aufspielen kann. Er, Trump, bezweifelt auch die Rolle der Nato.

Wäre Trump nicht amerikanischer Präsident – das muss man sich auf der Zunge zergehen lassen – er wäre reif für die Slapstick-Bühne. Und er wechselt seine Meinung wie die Berater – oder ist es umgekehrt?

Vor ihm, das muss man der Ehrlichkeit halber erwähnen, haben die verbündeten amerikanischen Freunde, über längere Zeit den Deutschen Bundestag gehackt und das Smartphone der Bundeskanzlerin dazu.

Sie hat jetzt einen eigenen Abwehrspezialisten. Dies unter dem Duzfreund Obama. Man ist Duzfreund und Cyberfeind – moderne Partnerschaft. Im Cyberkrieg gibt es keine verbündeten Staaten, nur feindselige Konkurrenten.

Vor dem Geheimdienst fremder Staaten ist keiner sicher. Vor dem Geheimdienst des eigenen Staates ist auch keiner sicher. Die Ausspionierung macht vor keinem Halt.

Daten sind nicht nur das Gold der Wirtschaft, sie sind der Schlüssel zur Macht.

Nur Despoten wie Assad, Kim Jong Un, Erdogan, IS-Führer, ..., und die völkervertreibende Friedensnobelpreisträgerin (1991), Aung San Suu Kyi, gehen in ihrem einfachen Verständnis von Macht davon aus, dass man die Staaten physisch besitzen muss. Da ist China schon viel weiter. China weiß, dass es nur die Daten der anderen Länder besitzen muss: Die Wirtschaftsdaten, die Werkdaten der Maschinen und Produkte, die politischen Daten, die militärischen Daten.

Das ist effizienter, geht ohne Blutvergießen, zumindest eigenes, und vor allem, es hinterlässt die anderen Staaten so, dass man ihre ökonomische Funktion nutzen kann. Man hält sich, wie ein Parasit, einen Wirt, um Blut zu saugen.

China will nur Handel treiben! Daher ist es um China ruhig geworden. Man spricht, militärisch, nicht mehr von der gelben Bedrohung. China ist schon jetzt der Gewinner des Cyberkriegs: Leise, heimlich und unheimlich.

Auf zivilem und militärischem Sektor tobt der Cyberkrieg 24 Stunden am Tag, 365 Tage im Jahr. Es gibt keine Friedenszeiten.

Mit zunehmender Digitalisierung wird es immer aufwändiger, den Schutz der Daten zu gewährleisten. Man könnte vom "Schatz der Daten" sprechen. Im Vergleich zu andern Schätzen, wie Gold, Platin oder anderen wertvollen Metallen, kann man die Daten nicht einsperren und bewachen. Daten sind virulent.

Dem Prinzip von Hase und Igel folgend, kann man versuchen, seinen Schatz gegen ständige Angriffe zu sichern und, militärisch gedacht, die Schätze anderer Länder anzugreifen. Das militärische Hamsterrad.

Was sind das für Bemühungen von Frau von der Leyen, der gegenwärtigen Verteidigungsministerin, wenn sie in einer Pressemitteilung erklärt, damit sei "ein weiterer Meilenstein erreicht, um die Bundeswehr künftig modern und innovativ gegen Bedrohungen aus dem Cyber- und Informationsraum aufzustellen". Gemeint ist ein neues Kommando, das sich der Sache annimmt.

Wie naiv.

"Jetzt schon" ein Kommando für die Zukunft aufzustellen, wenn die Bedrohungen, die Infiltrationen seit Jahren bekannt sind. Was hat sie die vergangenen vier Jahre auf diesem Sektor gemacht. Diesen Sektor darf man keinen Augenblick vernachlässigen.

Die Flieger fliegen nicht, die Panzer rollen nicht, die Hubschrauber fristen ihr Dasein in Hangars und richten dennoch keinen großen Schaden an. Dieses Prinzip, nicht fliegen, nicht rollen, nicht funktionieren und dennoch keinen großen Schaden anrichten – vom Imageschaden mal abgesehen – dieses Prinzip gilt im Cyberkrieg nicht. Jede Sekunde ist kostbar.

Statt im feierlichen Rahmen mit dem Kommando öffentlich das Versäumnis, besser, das Versagen, kaschieren zu wollen, hätte sie klammheimlich nachträglich die Lücke schließen können. Das zeigt das Selbstverständnis mit dem das Unvermögen selbstbewusst zelebriert wird.

Dabei ist es doch klar, dass die Cyber-Bedrohung, oder richtiger, der Cyber-Krieg, bevorzugt die Rechner der Bundeswehr zum Ziel hat.

Der Cyber-Krieg ist verhältnismäßig rentabel – verglichen mit seinem Potenzial, geradezu spottbillig. Er ist nicht zu greifen. Der Feind sitzt überall. Eine Gruppe von 20 Spezialisten – egal von wo – könnte die Rechner der Bundeswehr lahmlegen.

Die "Herausforderung annehmen", wie es so schön öffentlichkeitswirksam heißt, zeugt von der Hilflosigkeit. Wenn sich die Hilflosigkeit des Politikers offenbart, reiht sich Wort an Wort – Worthülse an Worthülse. Da ist Frau von der Leyen eine Meisterin ihres Faches.

Da könnte sie sich mal eine Scheibe von Wladimir Putin abschneiden: Heimlich – still – und leise, aber effektiv!

Die Aufstellung eines effizienten Kommandos "Digitalisierung" ist 15 Jahre lang verschlafen worden. Das geht aber nicht nur auf Frau von der Leyens Kappe.

Trotzdem: Ein hilfloser, verzweifelter Versuch.

Ein solches Kommando kann nur funktionieren – abgesehen davon, dass es viel zu spät kommt – wenn es durch wirkliche Spezialisten rekrutiert ist. Spezialisten die keine Skrupel haben, in fremde Netze einzudringen, sie gegebenenfalls zu "verwunden", sie auszuschalten und – nach dem Prinzip von Hase und Igel – schneller zu sein. Die Offensive und Defensive gleichzeitig und gleich gut abzudecken. Wie es im Militärjargon heißt, man darf an keiner Flanke verwundbar sein.

Die echten Spezialisten lassen sich nicht darauf ein. Die Bundeswehr untersteht dem Bundestag. Zu viele Regelungen für ein effektives Arbeiten.

So vornehm sind andere Länder nicht. So funktioniert eine wirksame Kontrolle im Cyber-Krieg nicht. Der Bundestag ist keine rechtsfreie Zone, aber er kann, er muss für den Cyber-Krieg einer Gruppe die Handlungsfreiheit geben, um Cyber-Kriminalität abzuwehren. Diese Handlungsfreiheit muss im Extremfall die Illegalität einschließen.

Der "Hacktivismus" ist doch schon lange gang und gäbe, er wird nur verästelter, weiter eindringender als manche sich das vorstellen können – und perfider. Die Zukunft wird dadurch ständig unsicherer und wir sind im Bundestag auf dem Stand der Dinosaurier. Die Kluft geht immer weiter auseinander. Wir haben Konflikte von früher nur vor uns hergeschoben, die Attacken von jetzt sind dazu gekommen und die Übergriffe von morgen werden das Problem potenzieren, so wie die Datenmenge potenziert wird.

Wenn die Künstliche Intelligenz (KI) ins Spiel kommt, das ist schon der Fall, dann droht ein Infarkt. Künstliche Intelligenz an einem Beispiel verständlich verdeutlicht: Mikro-Drohnen.

Man muss sich von der Vorstellung, Drohnen seien nur selbstfliegende Flugzeuge, trennen. Mikro-Drohnen können gerade mal 16 Zentimeter groß sein, kämpfen im Schwarm – und zwar interaktiv. Sie werden mit Flugzeugen an den Ort kriegerischer Handlungen gebracht, ziehen dann mit schrillem Geräusch los, und bekämpfen den

Feind autonom, d. h., sie kommunizieren selbstständig untereinander. 100 Mikro-Drohnen gehen dann auf Partisanenkampf, auf Häuserkampf, und verständigen sich miteinander, welche Strategie sie anwenden.

Im Moment verfügen nur wenige Länder über Mikro-Drohnen, aber in neun Jahren gehören sie für alle, diesbezüglich ambitionierten Länder, zum Standard.

Die Robotik macht sich die KI, die Künstliche Intelligenz, zunutze – Killerroboter sind das Ziel. Krieg, ohne dass Menschen vor Ort im Einsatz sind. Die Technik als Ausstattung für Flugzeuge, Panzer und – man möchte es sich nicht vorstellen – in die atomar bestückten Drohnen der Despoten.

Das ist eine gewaltige Bedrohung für die Menschheit. Es gibt nichts Vergleichbares.

Die Atombombe ist in Massen vorhanden, wenngleich nicht überall. Trotzdem reicht es, den ganzen Planeten x-mal zu zerstören. Wem nutzt das? KI arbeitet strategisch, diffizil und zielgenau. Sie führt einen chirurgischen Krieg. Es ist eine Horrorvision, dass einmal die Drohne mit Künstlicher Intelligenz gegen den Menschen steht. Dass das alles außer Kontrolle gerät. Das Blut gefriert bei dem Gedanken.

Noch ist es nicht so weit – aber die Entwicklung ist nur eine Frage der Zeit.

2027 wird die Technik so weit sein. In wieweit sie eingesetzt wird, ist nicht abzusehen.

Zurzeit ist ein Streit entbrannt zwischen Fachleuten der digitalen Welt wie Elon Musk, Marc Zuckerberg und Co. Sie diskutieren die Folgen der militärischen Verwendung von KI.

Ich weiß noch nicht, ob ich das Gezeter für herzzerreißend naiv, berechnend oder nur für öffentlichkeitswirksam halten soll. Es wird der alte Spruch des Zauberlehrlings von Goethe diskutiert: "Die Geister, die ich rief, werd ich nun nicht mehr los".

Dürrenmatt dramatisiert das Thema in dem Stück "Die Physiker": "Was einmal gedacht ist, kann nicht mehr zurückgenommen werden."

So die ebenso banale, wie richtige Erkenntnis.

Es war noch zu allen Zeiten so, dass die zivile und die militärische Eignung einer Erfindung genutzt wurden. Vor der Künstlichen Intelligenz, sowohl in der Medizin, als auch in der Kriegsführung, wird kein Vertreter Halt machen, weder ein Professor noch ein General.

Jeder wird die Vorzüge der Technik preisen. Wohlgemerkt, die technischen Vorzüge. Keine Spur von Ethik. Im Gegenteil: Die steht nur im Wege. Auch für zivile Zwecke sind ethische Aspekte der KI höchst obsolet. Sie sind nur bei intellektuellen Zirkeln ein theoretisches Thema. Spielwiese von Philosophen, abgehalfterten Politikern und scheinbaren Experten in verbrauchten Talkshows.

Da braucht sich keiner einer Illusion hingeben: Die KI, die Künstliche Intelligenz, wird kommen – zivil und militärisch.

Einer, Musk, ist zivil dafür, er profitiert mit dem Tesla, dem selbstfahrenden Auto, schließlich von der KI, sieht aber die Risiken der militärischen Nutzung.

Konsequent betrachtet heißt das, das Militär darf selbstfahrende Autos oder moderne Roboter als Minenschnüffler und -zerstörer nutzen, aber soll Mikro-Drohnen ächten. Wie träumerisch ist das? Oder ist gemeint, lasst mich in Ruhe die KI für die Zwecke nutzen, die mir Profit bringen und ächtet die auf KI aufgebauten Waffen.

Wie ist es sonst zu erklären, dass jemand, von dem Kaliber Musks, so pharisäerhaft auftritt.

Um korrekt zu sein, er ist nicht der einzige: Ca. 1000 Mitstreiter, allesamt sehr hoch dotierte Fachleute, die mit der Technologie (KI) entweder in der Forschung oder Herstellung zu tun haben, haben vor drei Jahren einen Brief an die Vereinten Nationen (VN) unterzeichnet, in dem sie vor der Gefährdung einer militärischen Entwicklung und Nutzung warnen.

Vielleicht sind sie wirklich von ihrer Mission überzeugt oder aber, ihnen steht die hässliche Form von KI im Wege, um die eigenen Erzeugnisse auf den Markt zu bringen. Naiv oder berechnend!

Jeder weiß um die Wirkung von KI in falschen Händen: Die Drohnen sind grausam, kämpfen alleine, auch ohne Anweisung, sind hackbar und damit unberechenbar.

Soll sich die UN blamieren, wie im Falle von Kim Jong Un? Soll sie gegen Windmühlen anrennen? Hier geht es nicht um Recht haben. Hier geht es darum, Recht durchzusetzen. Despoten haben ihre eigenen Gesetze – da verpufft jeder Appell. Der Begriff "Despot" wird in diesem Zusammenhang gern benutzt. Er grenzt das Problem auf einzelne ein, verniedlicht es.

KI ist eine globale Bedrohung, wie uns Trump lehrt. Trump als Despot zu bezeichnen, wäre wohl zu kurz gegriffen. Trump ist unberechenbar wie die KI. Er hat die Macht, den Rest von Weltfrieden ernsthaft zu gefährden.

Die KI ist nicht zu stoppen – zivil nicht, militärisch nicht.

Die Forderung, "reguliert die Waffen, nicht die KI", auch aus dem Mund hoch dotierter Forscher, ist scheinheilig. Das besänftigt die Forschung und heiligt die Forscher. Damit könnte für die Medizin und Armut geforscht werden und die militärische Schiene außen vorgelassen werden. Die Militärs sollen ihre eigenen Entscheidungen treffen.

Wie einfältig ist das schon 2018 und wird das erst im Jahre 2027?

Reza Zadeh, der Gründer des KI-Unternehmens Matroid und Professor in Stanford, formulierte auf Twitter (!): "Die Furcht vor KI ist vernünftig. Aber Regulierung zum jetzigen Zeitpunkt könnte das KI-Potential dämpfen, Krankheiten und Armut auszumerzen, …"

Marc Zuckerberg, Facebook-Gründer, meldete sich auch über Twitter zu Wort: "Wer gegen Künstliche Intelligenz argumentiert, argumentiert gegen sicherere Autos und gegen bessere Diagnosen für Kranke…"

Entweder er hat aus der Geschichte gelernt, dass, was gedacht ist, auch gemacht wird, was ich hoffe, oder es ist nur die plumpe Verherrlichung einer Technologie.

Die KI, die Künstliche Intelligenz, man kann sie argumentativ drehen und wenden wie man will, bleibt, was sie ist:

Eine Technologie von höchster Brisanz, nicht zu regulieren, weder in der Entwicklung, noch in der Anwendung.

Das Fatale ist, diese Ausführungen zur KI gehören ins Jahr 2018, sind real! Bei vielen anderen Bereichen der Digitalisierung ist es – in etwa – möglich, durch Abgleichen des heutigen Stands und der reellen Entwicklung die nähere Zukunft abzuschätzen.

Bei der KI gibt es keinen "Stand", den man einschätzen könnte – zu viel ist geheim – und es ist keine reelle Aussage über die Entwicklung zu machen. Da sind zu viele Unwägbarkeiten im Spiel.

Die mit Lichtgeschwindigkeit voranschreitende technische Entwicklung, der Verlauf der öffentlichen Diskussionen – wobei das nur aufschiebende Wirkung haben kann, wie bei der Kernkraft – die Zahl und Art der militärischen Konflikte, die Zahl und Brutalität der Despoten und nicht zuletzt die Hemmschwelle für alle, die neuen Forschungsergebnisse zu verkraften, lassen kein Szenario zu.

Es kann niemand die nächsten Jahre überblicken. Noch schlimmer: Kein Mensch kann die nahe Zukunft auch nur erahnen. Die Versuche der Professoren sind töricht oder selbstgefällig. Sie müssten wissen, dass man keine Gleichungen aufmachen kann, mit so vielen Variablen. Versuche der, oft aus dem Nichts hervorgekommenen, Chefs der Firmen der digitalen Szene, sind das Papier nicht wert, auf dem sie stehen. Wenn sich ein Parameter verschiebt, sind alle Prophezeiungen Makulatur. Es ist wahrscheinlich, dass sich mehr als ein Parameter ändert.

Informatikspezialisten, die es gewohnt sind, rational zu denken, sollten sich nicht an Spekulationen beteiligen. Man weiß nie, wie es kommt.

Es ist Zeit, für ein Zwischenfazit.

Ich habe jetzt erst einen Teil der Digitalisierung oder der Automatisierung beleuchtet und bewertet. Die "Vierte Revolution", wie ich sie gerne nennen würde, hat das Leben von uns allen verändert.

Sie hat die Wirtschaft, die unsere Lebenssicherheit und Lebensqualität bestimmt, unsere materielle Lebensgrundlage, völlig verändert.

Sie hat unser Privatleben – schleichend – verändert, von der Geburt bis zum Grab.

Sie hat bewirkt, dass vielen von uns die natürlichen Lebensgrundlagen seltsam fremd geworden sind. Sie hat viel dazu beigetragen, dass die globale Sicherheitslage erheblich verschärft wurde.

Sie hat es geschafft, dass wir uns als Wesen verändert haben. Die Digitalisierung hat die Menschen verändert. Wie noch nie zuvor: weltweit.

Werden aus wissensorientierten, vernunftbegabten und emotionalen Wesen egoistische "Vollautomaten"?

14 Die schleichende Wandlung

Versetzen wir uns in die Mitte der neunziger Jahre. Computer, deren Festplatten 286 MB, 386 MB oder 486 MB speichern konnten. Mit Handys, die gerade in der Namensfindung sind, konnte man telefonieren. Raffinierte Spiele wie Tomb Raider, Dungeon Keeper oder Age of Empire, Krieg der Sterne – auf Computer.

Handys oder Spiele brauchte man, oder brauchte man nicht. Man wollte sie.

Das Leben davor war genauso gut, ohne Handy. Mir fällt kaum eine Anwendung ein, nicht mal das Telefonieren. Ich würde fast sagen, wir waren ohne Handy besser dran. Wir verabschiedeten uns von den Gästen, und hatten von da an Ruhe! Keine Nachbesprechung. Jeder musste den Eindruck, den er hinterlassen hatte, so stehen lassen. Niemand, der uns störte, dessen Meinung nicht gefragt war, auch nicht telefonisch. Wenn wir jemanden erreichen wollten, dann taten wir das mit dem Festnetz. Das genügte zur Verständigung und zur Überwachung!

Das genügte vor allem auch für Kinder! Sie gingen ins Freie zum Spielen, ohne alle halben Stunden irgendwen anrufen zu müssen. Sie durften ihr Spielen frei entscheiden. Risiko abschätzen inklusive. Sie mussten auch nicht damit rechnen, dass sie jemand gluckenhaft zurückpfeift.

Das Leben war für sie viel abenteuerlicher, bunter und selbstbestimmter!

Es gab kaum einen Grund, der von den Menschen her für ein Handy sprach! Aber viele dagegen!

Man wollte sie.

Das Handy war das Gerät, das sich im großen Stil für Menschen als unerlässlich zeigte, weltweit. Es machte sich sehr schnell unverzichtbar, global. Es übte eine solche Faszination auf Kinder und Erwachsene aus, als Statussymbol, dass der Siegeszug vorgezeichnet war – vielleicht hatte es für manche sogar Phallus-Charakter. Das Handy wurde zur selbsterfüllenden Prophezeiung. Es schmeichelte dem Ego der Benutzerin/des Benutzers, es erhob lapidare Anrufe auf Notrufniveau, es ließ den Benutzer vordergründige Argumente anführen, warum er es jetzt haben muss – es war das Gerät, das sich durch die Existenz begründete. Es war kein Grundbedürfnis! Es wurde zum Bedürfnis gemacht.

Schnell war der Verbraucher von den vordergründigen Vorzügen überzeugt. Er wurde von der Werbung für ein Modell überzeugt, und pries die Vorzüge fortan selbst an.

Die Spirale aus Werbung und "Überzeugung" drehte sich unaufhörlich. Es glich einem Perpetuum mobile. Natürlich würde die Nachfrage nicht so schnell wachsen, wenn es unverändert bliebe. Im Laufe der Jahre gab es immer neue Anwendungen, die man haben sollte. Die Kamera kam. Mit ihr der Hang, und alsbald der Zwang, alles, aber auch wirklich alles, zu fotografieren. Häufig grässliche Bilder, qualitativ und inhaltlich. Grauenhafte Videos und Spiele übten auf Kinder – und nicht nur auf diese – eine Anziehungskraft aus, dass es beängstigend war. Musik, grässlich in der Tonqualität, kam aus dem Handy. Bald kamen die Schüler angestöpselt zur Schule, zugedröhnt

von Musik. Ab da nahm das direkte Kommunikationsbe-
dürfnis mit den Mitschülern ab oder es konzentrierte sich
auf ein Thema: Handy. Dann, so ungefähr vor zehn Jahren,
kam das Smartphone. Damit konnte man alles: Telefonieren, einkaufen – oder telefonierend einkaufen – alles
Mögliche an- und abstellen, ins Internet des Wissens, Facebook und You Tube, Bustickets bestellen – einfach (fast)
alles. Es ist nicht unentbehrlich – es hat sich unentbehrlich
gemacht.

Das Zeitalter der freiwillig gläsernen Menschen hat
zwar schon begonnen, nimmt jetzt rasant Fahrt auf. Was
am Smartphone oder Computer online gemacht wurde,
wird irgendwo gespeichert. Es ist für jeden, der es ge-
schäftsmäßig wissen möchte, auch klar, was jemand bestellt, nachgeforscht oder was jemand mitgeteilt hat.

Wir sind in einem Stadium, dass Usern "egal ist", wenn
die halbe Welt weiß, was sie für Interessen, Neigungen
und Vorlieben haben. Es ist egal, gläsern zu sein.

**Das Wissen ist bares Geld. Die Daten werden bereit-
willig zur Verfügung gestellt. Die Privatsphäre, als solche,
gibt es für Digital Natives nicht mehr.**

Das Smartphone hat sich seinen Weg gebahnt, da kommen wir nicht daran vorbei. Wo das Smartphone domi-
niert, tritt alles andere in die zweite Reihe.

Für die Behauptung, ob wir, rein theoretisch, "nicht
dran vorbeikommen", wollte ich die Probe aufs Exempel
machen.

Ich habe seit über einem Jahr mein Privat-Smartphone
nur noch für wichtige Telefonate oder SMS – sonst für fast

nichts. Keine Apps, WhatsApp nur noch familiär, keine Nachforschungen im Smartphone, keinerlei "Anwendungen", ... Ich wollte sehen, was mit mir geschieht, was mir entgeht. Ich wollte sehen, ob es geht, wenn ich das Smartphone auf das Wesentliche reduziere.

Um gleich zum Resümee zu kommen: Es geht ruhiger und unaufgeregter zu. Meine Freunde müssen jetzt vorbeikommen, oder ich gehe zu ihnen, um das persönliche Gespräch zu führen. Ich erhalte keine lästigen WhatApps zu allen Tages- und Nachtzeiten. Ich habe keinen Bedarf an den angebotenen Apps auf dem Gerät. Ich lasse sie links liegen und – man würde es nicht glauben – das Leben geht ohne Verlust weiter. Ich habe in meiner Jugend noch gelernt, Informationen zu bündeln, zu merken und vor Ort abzurufen – es wäre mir peinlich, mit Smartphone am Ohr oder vor dem Mund, im Laden stehend, zuhause nachzufragen, was ich bringen soll. Ich würde mir dement vorkommen, müsste ich das machen. Im Internet kaufe ich überhaupt nicht mehr ein. Beim Einzelhändler oder auf dem Markt vor Ort sich mit frischen Waren zu versorgen, nützt den Händlern, stützt die Infrastruktur und liefert die Geselligkeit gratis.

Wichtige Vereinbarungen tätige ich vom Festnetz aus.

Im Konzert werde ich nicht mehr (versehentlich) gestört, weil ich vergessen hatte, das Ding abzuschalten – leider muss ich mich regelmäßig über andere aufregen, die das auch vergessen hatten. Ich hab's dabei, aber es ist aus.

Ich fotografiere nur noch mit der "richtigen" Kamera, Selfies werden verschmäht! Ich weiß, wie ich aussehe.

Auf verzerrte Fratzen aus kurzer Entfernung lege ich keinen Wert. (Das ist Smartphone bedingt.)

Für mich – obwohl ich das Smartphone zuvor sehr zurückhaltend eingesetzt hatte – habe ich ein Stück Lebensqualität wiedergefunden. Ich bin unabhängiger, gelassener und "persönlicher". Das Erstaunlichste: Mir ist nichts entgangen.

Wohlgemerkt, ich spreche vom Privat-Smartphone. Hätte ich ein Berufs-Smartphone, wäre es anders. Aber auch für dieses gibt es Zeitfenster, wo es an sein muss und wo es aus sein darf. Beim Computer habe ich die E-Mail-Adresse geändert. Bei Facebook, oder sonstigen, war ich nie. Zu sozialen Medien habe ich meine eigene Meinung. Ich brauche sie schlicht nicht. Das war für mich immer nach dem Motto: Das braucht niemand zu wissen. Das entblößende Gesülze von andern wollte ich nicht wissen! Bei Twitter hört es ganz auf!

Ich bin immer schon restriktiv gewesen, was den Gebrauch des Smartphones angeht, aber es geht mir tatsächlich bei spartanischem Umgang damit besser. Es geht tatsächlich. Vielleicht bin ich einer von wenigen?

Viele Anwendungen rauben mehr Lebenszeit, als sie vorgeben, einzusparen.

Selbsterfüllende Prophezeiungen.

Wir glauben, es zu brauchen. Wir brauchen es. Es ist nicht mehr wegzudenken. Wir benötigen es pathologisch. Der smarte Teufelskreis.

Anmerkung:

Alle folgenden Ausführungen sind nur hypothetisch. Sie erheben keinen Anspruch auf Allgemeingültigkeit. Es sind nur Denkanstöße. Keinesfalls sind sie persönliche Zuschreibungen.

Was kann das Handy/Smartphone mit mir oder aus mir machen?

Am Anfang war die Neugier. Ein neues Medium von ungeheurem, unheimlichem Reiz. Es hatte von Anfang an einen Status, das war unglaublich. Manche telefonierten bewusst in der Öffentlichkeit, um ihre Fortschrittlichkeit und zugleich ihre Wichtigkeit zu demonstrieren

Die Faszination, von überall her jemanden erreichen zu können, war gewaltig. Bisher war die Erreichbarkeit, salopp gesagt, von der Länge der Telefonschnur abhängig. Auf jeden Fall war sie ans Haus gebunden. Jetzt sorgte das Handy vor allem für eins: Man war omnipräsent. Omnipräsenz, das hat auch was von Macht. Ab jetzt war man virtuell immer dabei. Man musste es nicht zur Kontrolle einsetzen – aber man konnte.

Da, wo man sich bisher vertrauen musste, kehrte die Kontrolle ein.

Schleichender Vertrauensverlust zwischen Eltern und Kindern, zwischen Ehepartnern, Partnern überhaupt, überhaupt zwischen allen! Der Partner, auf den man sich verlassen konnte, gleichgültig ob er zur Arbeit ging oder ob er auf Geschäftsreise im Ausland war, verlor schleichend etwas von seinem Nimbus. Nach dem Motto, "Vertrauen ist gut, Kontrolle ist besser.", rief man an oder man erwartete den Anruf. Offiziell war es der Liebesbeweis. Der wäre nachhaltiger, wenn er zur rechten Zeit und in richtiger Form käme – nicht per Smartphone. Vertrauensbeweise sind solche, die die tagelange Trennung überstehen. Jetzt hatte man keine Gelegenheit mehr, seine Zuneigung auf diese Weise zu zeigen.

Im Gegenteil: Das Smartphone verführte zu Unwahrhaftigkeit. Kinder und Jugendliche können nicht mehr beweisen, dass sie vertrauenswürdig sind – wenn sie andauernd kontrolliert werden. Das Smartphone bietet die Möglichkeit, das zu tun. Die Kinder und Jugendlichen haben die Eltern ständig in der Tasche. Schrecklich, wenn ich mir das vorstelle. Meine Eltern mussten mir vertrauen – vom Verlassen des Hauses bis zur Rückkehr.

Dieses Gefühl kann man nicht ersetzen. Dieses Urvertrauen hat mich geprägt.

Der Verlust an Vertrauen war für mich die gravierendste Veränderung, die das Handy mit sich brachte. So etwas hat es nie zuvor gegeben. Und man machte Gebrauch davon. "Wesensgemäß" machte man davon mehr oder weniger Gebrauch. Viele unsichere Kontrollfreaks mehr, die Normalos zögerlich, eisern Vertrauensvolle, von denen es einige gab, gar nicht. Tendenz allerdings bei den ersten beiden Gruppen zunehmend, die dritte Gruppe nimmt ab.

Unternehmen – die ich noch nicht erwähnt habe, weil das ein gesonderter Bereich ist – nutzten ihre Chance: Die Mitarbeiter waren jetzt ständig erreichbar.

Regeln gab es keine – nur Chancen!

Der Marktanteil der Geräte stieg rasant. Mit immer neuen Strategien machte man es zu dem, was es bald war: unverzichtbar. Weltweit.

Die Erfindung der Atombombe hat die Welt nicht so verändert, wie das Handy: Jeder, weltweit, hatte es. Jeder hatte ein bisschen Macht und genoss es. Das verschwindend kleine Handy in jeder Hand und die Computerisierung waren die weitreichendsten und folgenschwersten Erfindungen der Menschheit.

Die Atombombe ist "nur" eine technische Erfindung, die jeder mit klarem Menschenverstand einordnen kann. Das Handy/Smartphone ist eine technische Erfindung, die ihre Benutzer mitverändert.

Wie immer folgte die Diskussion der Risiken zu spät oder gar nicht. Es wäre nicht darum gegangen, die Erfindung in Zweifel zu ziehen, sondern den Gebrauch kritisch zu überprüfen.

Die Wirtschaft war schneller: Die nützte den Narzissmus der Nutzer vorbildlich. Narzissmus, mehr oder weniger, hat dem Handy, später dem Smartphone, weltweit zum Siegeszug verholfen.

Als Statussymbol, als Sinnbild für Macht, als Suchtmittel und als Wirtschaftsfaktor mehr, denn als Kommunikations- und Informationsmedium mit unbestreitbaren Vorzügen.

Gravierende Folgen hatte das für die Kinder und Jugendlichen: Mit voller Wucht erwischte der Hype der unkritischen Nutzung die Kinder, für die es ein Muss war. Die Jugendlichen konnten sich die Einlassungen der Mahner nicht erklären. Viele waren mit Haut und Haaren dabei, das Smartphone als Wichtigstes, neben sich, zu sehen. Sie emotionalisierten es. Sie stellten es noch vor die Elternliebe. Sie und das Smartphone, ein Paar forever.

Viele Erwachsene taten es ihnen gleich. Die Kinder und Jugendlichen von damals waren die ersten Digital Natives, und die Eltern kopierten ihr Verhalten. Die Erwachsenen kopierten das Verhalten der Kinder! Das galt als hip. Sie telefonierten und simsten wie Teenager, begannen zu spielen wie die Kinder, übertrumpften die Kids in den sozialen Medien mit höchstoriginellen Beiträgen – sie kopierten die Kinder und Jugendlichen und setzten noch eins drauf. Infantil.

Zum ersten Mal lernten die Eltern von den Jungen! Die meisten wurden bipolar. Sie kannten die Welt noch ohne Handy, holten aber mit dem Gerät rasch auf, um nicht old-fashioned rüberzukommen.

Nimmt's wunder, dass sie in ihrem Eifer überfordert waren, die Risiken zu erkennen? Trotzdem kann man sie nicht freisprechen, zumindest viele. Viele haben auch, ihrer Erziehungsverantwortung verpflichtet, versucht, vor den Risiken des Handys zu warnen. Sie sind meist grandios gescheitert. Die Faszination des Geräts war größer, als alle Bemühungen.

Das Smartphone war für viele Menschen die Verbindung zur sozialen Welt. Zwischen ihnen und den Mitmenschen stand nun das Smartphone.

Das liest sich widersprüchlich. "Sozial" hat den Wohlklang früherer Zeiten nicht mehr.

Jeder definiert selbst, was sozial ist. Man spricht von "sozialen Netzwerken". In dem Zusammenhang von "sozial" zu sprechen, ist schon kühn.

Man konnte per Tastendruck Freunde "machen", erhalten oder sich derer entledigen. Man brauchte keine Geduld oder Toleranz mehr, die soziale Last anderer Menschen auszuhalten, wenn man nicht wollte. Per Tastendruck geht vieles einfacher – inklusive, virtuell neue Freunde zu finden. Virtueller Kontakt versus direkten Kontakt. Keine Mimik, keine Gestik mehr, nur das, was in der SMS steht. Nichts, was einen verrät. Die Gefahr der Unwahrhaftigkeit besteht. Oberflächliche Beziehungen gegen stabile Freundschaften.

Firmen im Internet nutzen das gnadenlos. Partnerschaftsagenturen lösen jedes Problem im Handumdrehen. Auf Tastendruck die Merkmale, die eigenen und die gewünschten, eingeben, vielleicht den Umkreis noch, schon ist die Sache geritzt.

Das geht so, wie man bei "Mobile" ein Auto kauft. Den Kilometerstand getunt, den Unfallschaden nicht angegeben und aufgehübscht. Frauen und Männer auf elektronischer Kleinanzeigerbasis. Großartig, Männer und Frauen sind jetzt digital liiert. Anbandeln und Abstoßen light.

Es ist ganz unbestritten, dass das Smartphone unhöflicher macht. Nur der Digital Native sieht das nicht so. Es schafft eine neue Kultur, eine digitale Kultur. Die äußert sich, u. a., durch ständiges Hantieren mit dem Smartphone: im Gespräch, beim Essen auf der Straße, zuhause oder im Restaurant, in Diskussionen, im Kino, bei Konzerten, bei allen sozialen Anlässen. Das ist provozierend, respektlos dem Mitmenschen gegenüber. Eine Kultur, bei der man dem Smartphone mehr Achtung, mehr Wertschätzung beimisst, als dem Menschen vor oder neben sich.

Unglaublich, wer daran nichts Anstößiges findet. Gehört zur "digitalen Kultur" die Missachtung des Menschen? Kann das eine neue "Kultur" sein?

Finden Eltern wirklich nichts dabei, wenn sie im Restaurant essen und ihre Kinder spielen mit dem Smartphone rum und essen mit den Fingern nebenher, oder werden von den Eltern gefüttert, mit sechs oder sieben Jahren? Zum Pflegefall sozialisiert? Zurück als digitaler Höhlenbewohner?

Finden sie es normal oder haben sie sich damit abgefunden – weil sie nicht gegen das Smartphone ankommen? Beides gleich dekadent. Mehr spricht dafür, dass sie es normal finden. Sie tun es selbst.

"New digital culture"?

Der dauernde Gebrauch wird von "Helikoptereltern" geradezu gefordert. Helikoptereltern sind die, die einen Masterplan von der Geburt bis zum Tod – oder dem Zerwürfnis – für ihre Kinder, Jugendlichen und ewig Gegängelten haben. Helikoptereltern gibt es mehr, als man glaubt. Ihr Medium zur Steuerung: das Smartphone.

Vom Kindergarten, über die Grundschule ins Gymnasium, dem Ballett, der Musikschule, dem Schwimmen, dem Sportverein, ... Die Termine werden angebahnt, die Kinder hin transportiert, die Termine werden – zeitlich korrekt – absolviert, Kinder abgeholt, zum neuen Termin gebracht, bis zur Erschöpfung des Kindes.

Das Smartphone entwickelt sich in der Hand von ehrgeizigen Eltern zum Martyrium für die Kinder. Zumal, wenn sie einen Chip im Schulranzen einbauen lassen, der ihnen – via GPS – immer den genauen Standort anzeigt. Sie geben die Sicherheit im Straßenverkehr als Begründung an. Wie viel Verantwortung wollen sie den Kindern – und sich – noch abnehmen, bis die Kleinen wieder zum Primaten mutieren?

Das könnte doch Sache der Eltern sein. Wir leben in einer offenen Gesellschaft. Ist es als gesellschaftliche Realität zu ertragen, dass solche Gängelopfer und ihre Peiniger aus falsch verstandener Fürsorge, einen Teil von ihr ausmachen? Dass es solche ferngesteuerten Individuen gibt, die keine Chance haben, ihre eigene Identität zu entwickeln, weil die Eltern die Macht des Smartphones voll ausschöpfen?

Ist es zu ertragen, dass diese Eltern ihren Ehrgeiz auf die Kinder projizieren und sie damit genauso entpersonalisieren, wie sie selbst sind? Kann die Gesellschaft ein Übermaß an solchen Menschen verkraften?

Überforderte Eltern – sind erschöpft, oder kurbedürftig, teilt das Müttergenesungswerk mit, indem es auf die steigende Zahl an Kuren hinweist.[6]

---

[6] Schwarzwälder Bote vom 11.10.17

"87 Prozent derjenigen, die an einer Kur teilnehmen, leiden unter Erschöpfungszuständen bis zum Burn-out. Symptome sind Schlafstörungen, Allergien, Migräne, Magen-Darm-Beschwerden und Kreislauf-Erkrankungen."

Die Funktionen des Smartphones haben dazu geführt, dass ein neues Syndrom entstanden ist: Das, nennen wir es mal so, "alles – jetzt sofort – bestmöglich – Syndrom". Wir haben die geringste Arbeitszeit, die meisten maschinellen "Haushaltshilfen" und eine nie da gewesene Unterstützung des Staates mit Fördermaßnahmen. Ich behaupte, in Deutschland könnte jeder sein Leben gut bestreiten – unter Umständen mit Hilfe von staatlicher Förderung. Dass jeder alles, jetzt sofort und bestmöglich haben möchte, ist ein "Erfolg" von Strategien des Marktes. Die erfolgen halt nun mal über die Digitalisierung und führen gleichzeitig zur Digitalisierung.

Man darf in der Diskussion um das Smartphone ein Wort nicht verwenden, es ist verpönt: "Früher". Wer "früher" verwendet, ist abgestempelt. Zurück zur Steinzeit!

Fühlt sich jemand ertappt, wenn man ausführt, dass man früher seine Privatsphäre besser geschützt hat, gelassener gelebt und seine Kinder freier und strenger erzogen hat?

Das Leben verläuft nicht mit digitaler Geradlinigkeit und Genauigkeit. Unser Leben ist verworren, ist nicht planbar und, zum Glück, es ist kreativ. "Verworren" ist durchaus positiv gemeint, im Sinne von "schicksalhaft verzweigt". Das sind alles Worte, die in der digitalen Welt kaum vorkommen. Es gibt einen Raum in der realen Welt, den wir nicht opfern dürfen. Wir müssen diesen Raum freihalten.

Den Freiraum des Lebens – verworren, nicht planbar, kreativ.

Wir müssen der digitalen Welt Regeln geben, um die Freiheit des Lebens zu erlangen oder wiederzuerlangen.

Nicht zurück zur Steinzeit, sondern zu den menschlichen Wurzeln. Auch das digitale Dasein kommt aus unseren Wurzeln, ist von Menschen gemacht, aber es darf das verworrene, nicht planbare und kreative Leben nicht opfern. Das kann kein Smartphone, Computer, Internet der Dinge und keine Künstliche Intelligenz! Das ist ein Teil des Lebens, für den nur der Mensch privilegiert ist. Vertrackte zwischenmenschliche Dinge des Lebens entwirren, kreative Lösungen entwickeln und in eigener Verantwortung bewerkstelligen. Diese Fähigkeit, nichts weniger, steht auf dem Spiel. Es ist auch klar, dass alle Lösungen, zu denen wir so gelangt sind, ein Haltbarkeitsdatum haben.

Apropos Haltbarkeitsdatum:

Bei allen Vorbehalten, mit dem Wort "früher", so darf man sicher sagen, dass früher das Klima besser war – gemeint ist das natürliche Klima, das Wetter.

Um das andere Klima, das Weltklima der Staaten, ist es auch nicht so gut bestellt, aber hier geht es ums Wetter, Wetterkapriolen, Wetterkatastrophen.

Niemand, der die Auswirkungen sieht, außer Donald Trump, bezweifelt, dass das Klima früher besser war. Wenn jemand, wie Trump, der knietief im Wasser steht, und den von Unwettern Heimgesuchten Hilfe verspricht, und gleichzeitig den Klimawandel bestreitet, dann ist das als Zynismus nicht zu überbieten.

Wen wundert es, dass Deutschland seine ehrgeizigen Klimaschutzziele bis 2020 nicht erreichen wird? Das 40-Prozent-Ziel der Reduzierung der Emissionen, verglichen mit 1990 (!), wird verfehlt. Mit 32 Prozent, bestenfalls, wird die Abgasreduzierung deutlich dem gesteckten Ziel hinterherhinken.[7]

Das trotz der Tatsache, dass die neuen Länder durch den industriellen Zusammenbruch in den neunziger Jahren Erhebliches zum Klimaschutz beigesteuert haben.

Die scheidende Bundesumweltministerin, Barbara Hendricks, gibt die Verfehlung unverblümt zu – unterdessen, nur die Verfehlung des Ziels, nicht die Verfehlung ihrer Arbeit. Noch mehr: Sie will es der Kanzlerin ins Aufgabenheft für die nahe Zukunft schreiben.

Zwei Fragen stellen sich: Warum hat sie, als verantwortliche Ministerin, nichts Wesentliches dazu beigetragen? Was hat das mit der Digitalisierung zu tun?

Die erste Frage ist schnell beantwortet: Die Kanzlerin hat das Ziel immer wieder bekräftigt, also soll sie dafür sorgen, dass es eingehalten wird!

Die scheidende Ministerin ist sich keiner Schuld bewusst. Sicher, es ist eine Gemeinschaftsaufgabe für alle Ministerien, inklusive Kanzlerin. Die Ursachen sind vielfältig. Vom Verkehr über die Heizung und Haushalt bis zur

---

[7] Schwarzwälder Bote, 12.10.17

Industrie sind alle Lebensbereiche beteiligt, und kein Ministerium bleibt verschont. Nicht mal das Finanzministerium! Irgendwo müssen die zig-Milliarden, die die Fördermaßahmen verschlingen, schließlich herkommen.

Die Umweltministerin müsste der Stachel im Fleisch der anderen Ministerien, vielleicht auch der Ministerinnen und Minister, und der Kanzlerin sein. Sich jetzt, zum Ende der Legislaturperiode, hinzustellen, und der Kanzlerin gute Ratschläge zu geben, ist dreist. Wo bleibt die Selbstkritik? Kritik geht leichter über die Lippen, als Selbstkritik.

Die zweite Frage, was das mit der Digitalisierung zu tun hat, ist komplexer.

Zweifelsohne sind viele Aspekte für die Klimaveränderung und die immer verheerender werdenden Klimakatastrophen, verantwortlich. Nie war es verantwortungsloser, zu reagieren anstelle zu agieren. Aufräumen statt vorsorgen wird praktiziert. Höhere Dämme werden gebaut. Das ist richtig. Wo bleiben die anderen Maßnahmen? Dass sie – so gut wie – nicht mehr stattfinden, kommt einem Offenbarungseid gleich.

Die Bilder von überschwemmten Städten, von Steinlawinen, von Wirbelstürmen, ..., und von Leichen unter eingestürzten Häusern, von in Flüssen, die vorher gar keine Flüsse waren, treibenden Leichen, von unter Geröll verschütteten Leichen, von radioaktiv verstrahlten Leichen in Fukushima, Man muss es beim Namen nennen.

Wir sollten es unter all den Schreckensnachrichten nicht bloß zur Kenntnis nehmen, an uns abperlen lassen.

Die Bedrohung betrifft alle, die Verschuldung der Bedrohung aber auch! Die Klimaveränderung ist von allen verschuldet – mehr oder weniger.

Das steht fest.

Aber es gilt die, an das biblische Zitat (Jesus) angelehnte, Feststellung, dass "der den ersten Stein werfen möge, der keine Sünde trägt". Ich möchte niemandem zu nahetreten.

Die Betroffenheit bei den Bildern im Fernsehen, Facebook oder anderen Medien des Internets, findet nicht statt, oder hält nicht lange an. Es ist keine Betroffenheit, sondern meist Zurkenntnisnahme.

Das liegt daran, dass sich solche – und andere – Schreckensnachrichten in den Medien überschlagen. Es bleibt, wenn überhaupt, nur Kurzzeitbetroffenheit. Eine Gewöhnung macht sich breit. Mit ihr, die Abstumpfung. Eine Haut bildet sich auf der Seele. Verrohung wider Willen anstelle von Betroffenheitskultur.

Die Wahrnehmung ist die eine Seite. Wir müssen uns eine Haut zulegen. Wir müssen uns Illusionen hingeben, um nicht zu verzweifeln. Wir müssen damit leben.

Für mich gilt das weniger. Wer früher stirbt, kann mehr ertragen. Nur Wenige nehmen die Klimaveränderung in vollem Umfange wahr. Ich bin mir nicht sicher, ob viele Verantwortliche in Politik und Wirtschaft die Anzeichen der drohenden Katastrophe nicht wahrnehmen, nicht wahrnehmen wollen oder sie nicht wahrnehmen dürfen.

Dafür, dass die Verantwortlichen nichts, oder fast nichts, auf jeden Fall zu wenig gegen die Verursachung unternehmen, ist es einerlei. Dem Klima ist es einerlei, ob es sich aus Dummheit, Parteitreue oder Korruptheit ändert.

Die Sensibilisierung durch die ungetrübte Wahrnehmung wäre aber Voraussetzung, entschiedene Schritte gegen die Klimaerwärmung zu ergreifen. Die Verantwortlichen in Politik und Wirtschaft reagieren häufig bloß, nach Katastrophen, mit Katastrophenrhetorik. Vorgestanzte Sätze, abgedroschene Floskeln, leere Versprechungen, was die konkreten Hilfen angeht. Warum kommt es einem regelmäßig so vor, als hätte man das schon x-mal gehört?

Agieren, Schritte zu unternehmen, die vorhersehbare Katastrophen nicht entstehen lassen, wären ein Zeichen von Verantwortung.

Warum kommt es mir stets so vor, als ob die Waagschale, auf der die wirtschaftlichen Interessen liegen, immer schwerer wiegt, als die, auf der die ökologischen (und ökonomischen!) Notwendigkeiten sich befinden?

Ich werde es nie begreifen. Auf welcher Basis wollen die Wirtschaft betreiben? Verbrannte Erde oder ertränkte Städte? Die einzige Erklärung, die es für mich gibt, ist die Einstellung: Nach mir, die Sintflut.

Ich hatte mich immer geweigert, so banal zu denken. Keiner sägt an dem Ast, auf dem er sitzt, dachte ich. Ich habe mich getäuscht.

Die andere Seite ist, dass wir alle etwas beitragen könnten. Die Wahrnehmung, wenn sie denn betroffen machen würde, trüge ihren Teil dazu bei, dass wir klima-freundlicher lebten und "von unten" Druck ausüben würden. Danach sieht es nicht aus. Die Leichen sind zu schnell vorübergetrieben oder von andern Horrornachrichten begraben worden.

Die Verursachung der Wetterkatastrophen infolge der Klimaerwärmung hängen auch mit der Wahrnehmung der natürlichen Lebensbedingungen, mit der Natur, zusammen.

Natur ist für Digital Natives obsolet – veraltet, nicht mehr üblich, überflüssig.

Wer die Natur nicht wahrnimmt, fühlt sich auch nicht dafür verantwortlich, setzt sich auch nicht für sie ein. Es ist für unsere Erde fünf vor zwölf, und nur eine "natürliche Revolution" könnte sie retten.

Wer die Natur nicht als Kind und Jugendlicher erfahren, erlebt, ja sogar in sich aufgesogen hat, wird als Erwachsener keine Bindung mehr zu ihr bekommen.

Wie soll ein Kind, ein Jugendlicher, Zeit und Zugang zu natürlichen Interessen finden? Wie, gar, echte Erlebnisse in der Natur erfahren, sie in sich aufnehmen? Wie soll das Kind am Bach, im Wald, auf der Wiese oder im Schnee spielen, wenn es bis zu sechs Stunden am Tag mit dem Smartphone verbringt? Selbst wenn es Lust auf Abenteuer hätte, wie soll das zeitlich, und zunehmend logistisch, gehen?

Wer niemals auf einen Baum geklettert ist, wer nie in einem Bach gespielt hat, wer niemals ein Schneehaus gebaut hat, wird die lebenswichtige Funktion der Bäume, das vielfältige Leben in Bächen, wird den Unterschied von kalt und warm nie erfahren. Die Natur muss man *begreifen*.

Die Natur ist mit Risiko verbunden und macht schmutzig. Naturphänomene sind schulische Aufgabe.

Wer den Wert der Natur nicht schätzen gelernt hat, wird sie nicht schützen.

Viele Eltern sind Digital Natives oder nahe dran. Das Kind in der Natur ist (ohne Smartphone) nicht zu überwachen. Die haben ihrerseits schon Probleme, den Alltag auf die Reihe zu bekommen, die Termine alle unterzubringen. Dann noch ein Termin "Natur"?

Der Einbruch der Lust auf Natur, der ganz natürlich bei Pubertierenden ist, der ist nicht gemeint. Der wird durch das Interesse an der menschlichen Natur ausgeglichen! Den gab es immer schon, zum Glück. Oft war das eine Phase der Rebellion, die u. a. gerade die Naturzerstörung zum Ziel hatte. Eine Phase der Nicht-Anpassung an gesellschaftliche Verhältnisse. Die wichtigste Phase im Erwachsenwerden. Von dieser Rebellion stelle ich so gut wie nichts mehr fest. Weder gesellschaftlich, noch politisch, noch "klimatisch".

Wie soll sie auch entstehen, wenn sie schon im Keim erstickt wird? Wenn kindliche Neugier auf Naturphänomene, auf Naturerfahrungen und Naturerlebnisse als störend empfunden wird und im Kindesalter naturale Wahrnehmungen unterbunden statt gefördert werden?

Wen wundert's, wenn der virtuelle Wettkampf der Krieg der Sterne auf Smartphone gegen die beängstigende Wirklichkeit des eigenen Planeten gewinnt?

Die betreffenden Eltern kümmert's nicht. Der Krieg der Sterne ist sauber, ist unter Kontrolle, ist nicht risikobehaftet.

Das wichtigste Argument, das pseudo-erzieherische Totschlagargument: Das Kind ist selbstbestimmt. In einer offenen Gesellschaft ist das Götzenbild, "Selbstbestimmung", unumstößlich.

Diese Auffassung erinnert mich an das "Laissez-faire" der 60er und 70er Jahre, nur modifiziert: Das Prinzip ist Ausdruck von Hilflosigkeit. Hier schließt sich der Kreis wieder. Eltern, Jugendliche und Kinder sind auf einer Linie: selbstbestimmt. Selbstbestimmt durch das Smartphone. Wieder ein Teufelskreis. Pokémon Go grüßt.

So siegt das Smartphone, stellvertretend für alle digitalen Anwendungen, über die sanfte Gewalt, die die Naturerfahrungen früher auf die Menschen, besonders auf die Kinder, ausübten.

"Entnaturalisierung" durch Digitalisierung.

Entnaturalisierung ist die Entwöhnung der originären menschlichen Liebe zur Natur. Wo keine Liebe ist, ist kein Schutz. Die Umweltzerstörung, die primäre Verursachung und die sekundäre Nicht-Bekämpfung, hängen zusammen. Mir stellt sich die Frage: Wo ist die qualifizierte Minderheit, die früher einmal geplante AKWs, überflüssige Müllverbrennungsanlagen oder die weitere Verschmutzung der Gewässer verhindert hat? Ich verstehe es nicht.

2027 möchte ich, unter dem Aspekt, nicht mehr erleben. Für 2027 brauche ich kein Szenario zu erfinden. Die scheidende Bundesumweltministerin hat es schon formuliert. Wenn wir es nicht erreichen, müssen wir eben die Jahreszahlen verschieben – aus 2020 eben 2030 machen – ungeachtet der Leichen, die es geben wird. Zum Glück sind wenige davon bei uns.

Wenn es Deutschland, als Land der Dichter und Denker, das ist sehr ernst gemeint, nicht mehr schafft, was erwarten wir dann von Amerika oder Russland?

Das ist, zugegeben, meine subjektive Einschätzung, die Thesen aus meiner persönlichen Wahrnehmung. Mit dem speziellen Aspekt, der Verquickung von Klimaveränderung und der Digitalisierung, ist keine belastbare Studie bekannt.

Übermäßiger Medienkonsum gefährdet die Gesundheit.

Ganz anders sieht es mit den Verhaltensauffälligkeiten von Kindern und der Verantwortlichkeit der Eltern in punkto Digitalisierung aus. Die Drogenbeauftragte der Bundesregierung, Marlene Mortler, hat die Ergebnisse der "BLIKK-Studie" in der These, "Übermäßiger Medienkonsum gefährdet die Gesundheit von Kindern und Jugendlichen und fordert mehr 'digitale Fürsorge'.", zusammengefasst.

BLIKK steht für Bewältigung, Lernverhalten, Intelligenz, Kompetenz und Kommunikation. Das Institut für Medizinökonomie und Medizinische Versorgungsforschung in Köln und der Berufsverband der Kinder- und Jugendärzte haben gemeinsam das Projekt "BLIKK-Medien – Bewältigung, Lernverhalten, Intelligenz und Krankheiten – Kinder und Jugendliche im Umgang mit elektronischen Medien" entwickelt.

5500 Kinder wurden befragt und untersucht. Damit ist die BLIKK-Studie, vom 29. Mai 2017, seriös, aktuell und belastbar.

Festgestellt wurde Folgendes:

- Nutzt die Mutter, während sie ihren Säugling betreut, parallel digitale Medien, hat das Kind eher Fütter- und Einschlafstörungen.
- 70 Prozent der Kinder im Kita-Alter nutzen das Smartphone ihrer Eltern mehr als eine halbe Stunde täglich.
- Kinder unter sechs Jahren, die intensiv digitale Medien nutzen, haben häufiger Störungen bei der Sprachentwicklung, sind eher hyperaktiv oder können sich schlechter konzentrieren.
- Kinder im Alter von 8 bis 13 Jahren, die täglich mehr als eine Stunde digitale Medien nutzen, leiden häufiger unter Konzentrationsschwäche oder sind hyperaktiv. Sie konsumieren mehr süße Getränke und Süßigkeiten und haben eher Übergewicht.

- Sowohl jüngere als auch ältere Kinder mit hohem Medienkonsum sind eher unruhig und schnell ablenkbar.

Weiter wurde festgehalten, dass die Möglichkeiten und Chancen der Digitalisierung außer Frage stehen. Doch die Digitalisierung ist nicht ohne Risiko, zumindest dann, wenn der Medienkonsum außer Kontrolle gerät: Die Zahlen internetabhängiger Jugendlicher und junger Erwachsener steigen rasant – mittlerweile gehen Experten von etwa 600 000 Internetabhängigen und 2,5 Millionen problematischen Nutzern in Deutschland aus. Mit der vorgestellten BLIKK-Medienstudie werden nun auch die gesundheitlichen Risiken übermäßigen Medienkonsums für Kinder immer deutlicher.

Sie reichen von Fütter- und Einschlafstörungen bei Babys über Sprachentwicklungsstörungen bei Kleinkindern bis zu Konzentrationsstörungen im Grundschulalter. Wenn der Medienkonsum bei Kind oder Eltern auffallend hoch ist, stellen Kinder- und Jugendärzte weit überdurchschnittlich entsprechende Auffälligkeiten fest.

Nach dem repräsentativen Ergebnis der "ARD/ZDF-Onlinestudie 2017" zum internetbasierten Medien- und Kommunikationsverhalten, führen mobile Geräte zu einer häufigeren und längeren Internetnutzung. Die Tendenz sei steigend. "Demnach verwenden diejenigen, die unterwegs online gehen, das Internet deutlich intensiver als andere."

Das heißt: Neun von zehn Menschen aus dieser Gruppe sind täglich "im Netz". "Sie nutzen es zudem 60

Minuten länger und kommen so auf 209 Minuten Internetnutzung pro Tag, bei den unter 30-Jährigen sind es sogar 278 Minuten", schreiben die Studienautoren. Mehr als viereinhalb Stunden also. Bei jungen Menschen zwischen 14 und 29 Jahren liegt das Smartphone mit 81 Prozent auch klar auf Platz eins der genutzten "Medienempfangsgeräte".

Ich gehe davon aus, dass, bis 2027, sich die realen Zahlen der Internetabhängigen und der "problematischen Nutzer" verzehnfacht haben werden. Das aufgrund der hohen Dunkelziffer zum einen und der rasenden Geschwindigkeit der Entwicklung zum anderen.

"Wir müssen die gesundheitlichen Risiken der Digitalisierung ernst nehmen.", meint Frau Mortler. Sie führt auch aus, dass "Kleinkinder kein Smartphone brauchen. Sie müssen erst einmal lernen, mit beiden Beinen sicher im realen Leben zu stehen. Unter dem Strich ist es höchste Zeit für mehr digitale Fürsorge – durch die Eltern, durch Schulen und Bildungseinrichtungen, aber natürlich auch durch die Politik."

Da bin ich voll bei ihr!

"Dabei müssen soziale und ethische Werte wie Verantwortung, reale Kommunikation, Teamgeist und Freundschaft auf allen Ebenen der Erziehung gefördert werden. Kinder und junge Menschen sollen lernen, die Vorteile einer inzwischen globalen digitalen Welt zu nutzen, ohne dabei auf die Erlebnisse mit Freunden im Alltag zu verzichten.", folgert der Direktor des Instituts für Medizinökonomie und medizinische Versorgungsforschung der Rheinischen Fachhochschule Köln, Prof. Dr. Rainer Riedel (Arzt für Neurologie/Psychiatrie, Psychotherapie).

Dr. med. Uwe Büsching, Kinder- und Jugendarzt und Vorstandsmitglied des Berufsverbands der Kinder- und Jugendärzte (BVKJ) ergänzt: "Mit vorschneller Verordnung von Ergo- oder Sprachtherapie allein lassen sich Gefahren nicht abwenden. Gerade, wenn das Verhalten oder die Entwicklung auffällig ist, sollte immer auch ein unangebrachter Umgang der Eltern wie der Kinder mit Medien in Betracht gezogen werden. Eine Medienanamnese und eine qualifizierte Medienberatung muss zukünftig die Früherkennungsuntersuchungen ergänzen."

Wohl wahr.

Das, man muss es noch einmal betonen, sind seriös ermittelte Ergebnisse und konsequente Interpretationen. Nicht politisch, nicht schöngefärbt, nicht angreifbar, auch wenn das verzweifelt von Facebook-Benutzern versucht wird.

Ich finde es bemerkenswert, dass die Eltern, als Verursacher der Misere, auch erwähnt werden.

Die Ärzte sind wirklich in Sorge um unsere Kinder, mehr als die betreffenden Eltern. Das Smartphone hat in vielen Fällen die Fürsorgepflicht für die Kinder verdrängt, um nicht zu sagen, übernommen.

Ich fürchte, dass sie mit ihrem Appell keinen Erfolg haben werden. Sie, und andere Mahner, sind eine Generation zu spät dran. Die Dunkelziffer ist, m. E., wesentlich höher. Die Wirkung von Spielen am Smartphone ist in ihrer speziellen Wirkweise noch nicht mal berücksichtigt. Übermäßiges "Daddeln" macht abgestumpfter und gewaltbereiter. Es steht fest, dass brutale Spiele bei ohnehin gewaltaffinen Spielern die Level stetig steigen lassen oder bei Einsteigern die "Schmerzgrenze" der Gewalt stetig sinkt.

Wo beginnt das? Welcher Süchtige gibt freiwillig zu, dem Medium verfallen zu sein? Da kann man den starken Raucher fragen, ob er süchtig sei. Der will von "Sucht" nichts wissen. Auch er behauptet, dass er jederzeit aufhören könne.

Man sieht es beiden nicht an, im Gegensatz zum Alkoholiker. Die Mediensucht ist leichter zu verbergen und damit schwerer festzustellen.

Ich bezeichne diese Phänomene als "Digitalismus", die Krankheit die unsere Gesellschaft verändert hat und verändern wird. Nicht nur unsere, weltweit.

Eltern geben ihre Krankheit weiter. Digitalismus ist eine Erbkrankheit in der ersten Generation. Damit ist Digitalismus eine neue Stufe der soziokulturellen Evolution. Der Digitalismus ist eine globale Veränderung, von daher ist er nicht zu stoppen.

Wir werden sehen, wie weit er geht, aber verhindern lässt er sich nicht. Die vierte Revolution ist verbunden mit einer evolutionären Stufe. Beide sind weltweit und unumkehrbar.

Die Benutzer gehen davon aus, sie benutzten das Smartphone. Das ist ein Irrtum: Das Smartphone benutzt sie. Es macht sie zu Menschen mit digitalen Werten.

Diese digitalen Werte ersetzen ihre ethischen Werte. Digitale Ethik.

Die digitale Ethik definiert die Werte neu. Der Umbruch ist im Gange.

2027 sind Werte der "alten Ethik" passé für diese Gruppe.

15 Symbiose aus Digitalismus und Narzissmus

Zum Digitalismus, zur Krankheit durch Digitalisierung, gesellt sich verhängnisvoll ein weiteres Phänomen: Der zum Narzissmus gesteigerte Egoismus, weltweit.

Sie hängen, zumindest nicht unmittelbar, von der Digitalisierung ab. Egoismus und Narzissmus sind ein gesellschaftliches Phänomen. Wenn sie mit dem Digitalismus eine Gemeinschaft, eine Symbiose eingehen, wird es hochproblematisch.

Egoistische Menschen würde man als selbstsüchtig, als ichbezogen bezeichnen. Sie stellen ihre eigenen Ansprüche über die der anderen, sind ichsüchtig. Das genügt nur zum Teil, um das Verhalten mancher Menschen zu erklären. Ich spreche von einem globalen Phänomen, dem Narzissmus. Ich verwende es nicht als Synonym für Egoismus, sondern als Steigerung.

"Eine narzisstische Persönlichkeitsstörung ist eine tiefgreifende Störung der Persönlichkeit, bei der ein mangelndes Selbstwertgefühl und eine starke Empfindlichkeit gegenüber Kritik bestehen. Diese Merkmale wechseln sich mit einer auffälligen Selbstbewunderung und übersteigerten Eitelkeit und einem übertriebenen Selbstbewusstsein nach außen hin ab.

Die Betroffenen neigen dazu, sich nach außen hin als großartig zu präsentieren. Sie betonen zum Beispiel ihre beruflichen Leistungen, treten sehr statusbewusst auf oder haben eine Neigung zu exklusiven Aktivitäten. ... Wegen ihres geringen Einfühlungsvermögens verhalten sie sich anderen gegenüber oft so, wie sie selbst nicht behandelt werden möchten."[8]

Narzissmus gibt es in vielen Ausprägungen und unterschiedlichen Erscheinungsformen. Ebenso viele Faktoren können ihn hervorrufen. Ich spreche hier nicht vom pathologischen Narzissmus, der tiefenpsychologisch zu erklären ist. Ich spreche von einem Narzissmus, der weniger eine Krankheit ist, vielmehr ein Charakterzug. Also vom "normalem" Narzissmus.

Eine Eigenschaft, die mehr oder weniger zu Tage treten kann. Sie tritt umso mehr zu Tage, je mehr das Selbstwertgefühl sinkt. Je mehr sich in unserer Gesellschaft trotz, oder wegen der Vernetzung, eine zunehmende Anonymität breitmacht, man den andern nicht mehr gebührend beachtet, umso mehr bereitet das den Nährboden für Narzissmus. Narzissten reicht es nicht, zu wissen, oder glauben zu wissen, dass sie großartig sind. Sie wollen es spüren.

Sie übertragen, sie projizieren es, wenn ihre persönlichen Leistungen nicht dazu angetan sind, zu überzeugen, auf ihre Kinder. Die Kinder übernehmen mit der Zeit das Verhalten der Eltern. Sie halten sich selbst für klüger oder besser als andere.

Zusammenfassend kann man sagen: Die Kinder lernen den Narzissmus ihrer Eltern.

---

[8] https://www.therapie.de/psyche/info/index/diagnose/.../narzissmus/

Wie äußert sich das? Wie ist die rasante Zunahme zu erklären? Ist es überhaupt eine "rasante Zunahme", oder ist es eine Chimäre, ein Trugbild oder ein Hirngespinst? Wenn etwas dran ist, was hat der Egoismus/Narzissmus mit dem Computer und dem Smartphone zu tun?

Ich muss eingestehen, es nur an Phänomenen festmachen zu können und subjektiv zu interpretieren. Es gibt – auch hier – noch keine aussagefähigen Studien.

Ich führe Beispiele aus Kita, Kiga, Grundschule, Schule, Beruf und Privatem an, die jeder von uns kennt.

Kita oder Kindergarten

Haben Sie sich noch nie aufgeregt, dass manche Eltern ihre Kinder bevorzugt behandelt wissen wollen?

Dass viel mehr Kinder als selbsterfüllende Prophezeiung fungieren (müssen), indem man ihnen so lange Modekrankheiten suggeriert, bis sie darunter leiden – und dann die bessere Mama erscheint?

Dass bestimmte Kinder nicht mit anderen – weniger privilegierten – spielen dürfen?

Dass viele, auf jeden Fall viel mehr als früher, Mütter und Väter meinen, dass ihre Kinder Markenklamotten tragen und dies zeigen müssen?

Mit dem Auto werden die Kinder schon lange zum Kindergarten chauffiert, das ist nichts Neues. Man hat's eilig. Aber mit dem neuesten SUV? Wenn mit einem 2,5-Tonnen schweren Statussymbol ein 20 kg schweres Wesen transportiert wird?

Dass beim Elternabend überbordende Forderungen gestellt werden, dass sich einem "normalen" Menschen die Haare sträuben?

Dass das Smartphone griffbereit liegt, wenn es nicht im Einsatz ist, für den Fall, dass man googeln muss, bis wann man das Kind windellos gemacht haben soll oder nicht haben soll?

In Wort und Bild wird alles dokumentiert, auf Smartphone – gerichtsfest.

Ob die Kinder in den Kindergarten gefahren werden sollen, wo die normalen Kinder sind? Zunehmend gibt es private, elitäre, Kindergärten.

Die Beispiele sind konstruiert? Bei weitem nicht!

Dafür gibt es nur eine Erklärung: Für mein Kind nur das Beste – und für mich auch.

Das wäre – außer für das Kind – nicht so schlimm, wenn das nicht bedeuten würde: Zuallererst, vor allen anderen. Kindererziehung auf Kosten anderer. Nach dem Motto: Meins first.

Das ist Narzissmus pur.

Grundschule

Alle Phänomene gibt es in der Grundschule auch – bloß herrischer. Rigoroser in der Durchsetzung. Schließlich geht es jetzt um was. Um was? Das glauben die betreffenden Eltern, den Lehrern schon sagen zu müssen. Die Kinder haben das Ticket fürs Gymnasium schon im Schulranzen, pardon, die Eltern und die Kinder. Die Kinder müssen genauso funktionieren wie die Eltern ticken. Die Lehrer sollten es.

Die Politik macht's möglich. Die Politiker unterstützen die narzisstischen Neigungen der Eltern, indem sie sie selbst entscheiden lassen, an welche weiterführende Schule sie ihre Kinder schicken. Da nutzt keine Beratung. In den Fällen, wo das Beratungsergebnis mit dem Elternwunsch übereinstimmt, gibt es eine 100-prozentige Deckungsgleichheit, was die gewählte Schule angeht.

Da wo die Beratung nicht mit dem Elternwunsch übereinstimmt, gilt – annähernd – die 100-prozentige Elternentscheidung. Dass Beratungen gegen den Elternwillen möglich sind, ist eine politische Behauptung. Der Realität entsprungen ist sie nicht! Sie beruhigt das Gewissen und gibt vor, etwas getan zu haben. In diesem Fall führt der Narzissmus der Eltern, politisch unterstützt, sogar übers Kindeswohl.

Allerdings leben wir in einer offenen Gesellschaft. Da darf das Elternwohl das Kindeswohl bestimmen. Das Kindeswohl hat den ehrgeizigen Elternwünschen zu folgen. Das ist politisch gewollt.

Gleichzeitig werden die Lehrerinnen und Lehrer, vom Fachmann für die Leistungen und Persönlichkeiten der Kinder, zum Fachmann zweiter Klasse degradiert: Ihre Empfehlungen, die nur das Kindeswohl im Auge haben, gelten, im Zweifelsfalle, nichts. Die Beratungen verschlingen immer mehr Zeit, die Dokumentation ist langwierig, Lehrer/innen geben sich große Mühe, weil sie wissen, was damit für das Kind verbunden ist, und werden von der Politik verschaukelt.

So kann man auch Frust in den Kollegien schaffen. Zur Glaubwürdigkeit dieser Aussage: Das ist keine Wahrnehmung eines Einzelnen.

Als ehemaliger Rektor und Lehrer darf ich mit Sicherheit sagen, dass die Abschaffung der verbindlichen Grundschulempfehlung in weiten Teilen der Kollegien nur Kopfschütteln ausgelöst hat.

Cybermobbing –

in Schulen, am Arbeitsplatz, im Privaten

Eine weitere, nicht weniger gefährliche, Symbiose, gehen der Narzissmus und das Internet ein: Ein erheblicher Teil des Cybermobbings kommt durch narzisstisch motivierte Attacken zustande.

Schon vor dem Internet gab es das Mobbing. Man nannte es Diskriminierung aus persönlicher Missgunst. Die psychische Terrorisierung einer Person durch die Verbreitung von beleidigenden Unwahrheiten. Neid, Rache und Hass waren die Motive. Sie waren, damals wie heute, gepaart mit Enttäuschung, mangelndem Selbstwertgefühl oder übersteigertem Selbstbewusstsein.

Man musste über eine perfide Fantasie für die Verbreitung verfügen: Um geheim zu bleiben, das ist ein Merkmal von Mobbing, benötigte man eine Portion Gewieftheit und eine intrigante Vorgehensweise. Zum Beispiel: Man suchte sich eine dritte Person, von der man wusste, dass ihr das "Maul überläuft", wenn man sie zum Geheimnisträger machte. Ihr vertraute man Unwahrheiten über jemanden an, heute würde man sagen, Fake News oder alternative Fakten, und konnte sicher sein, dass sie es – hinter vorgehaltener Hand – weitererzählte. Alle erfuhren es – das Opfer auf Umwegen auch. Geheimnisse und Unwahrheiten verbreiteten sich in rasendem Tempo. Das Opfer wusste nicht, wie ihm geschah.

Es funktionierte auch, wenn man, geheim, dem Opfer "anvertraute", man hätte etwas Diffamierendes über es gehört.

Mobbing gab es schon früher! Der Begriff ist neu, nicht das Phänomen.

Aber das Internet kam für das Mobbing gerade recht.

Während der Begriff nur Ausdruck von Pseudoklugheit ist, dem Trend zu Anglizismen geschuldet, ist das Internet ein Beschleuniger von ungeheurer Auswirkung. Seine anonyme, weltweite Verbreitung schaffte Möglichkeiten, wie nie zuvor. Und, es konnte missbraucht werden. Sogar vor Morddrohungen via Internet machten die User nicht halt. Die Möglichkeit, erwischt zu werden, geht gegen Null.

Eines kam mit dem Smartphone noch verstärkt hinzu: Fotos zu machen und zu versenden. Sexuelle, kompromittierende, anrüchige oder – was ganz schwer nachzuweisen war – gefakte Bilder.

Damit wurde das Werkzeug geliefert, dass jeder mobben und gemobbt werden konnte. Dafür benötigte man keine Raffinesse mehr, keine Schläue, keine Strategie – nur die nötige Intriganz.

Der Narzissmus war wohl vorhanden, aber die Auswirkung der Leichtigkeit der Verbreitung durchs Internet, war gewaltig. Das Cybermobbing war mit dem Internet geboren und stieg kometenhaft an.

13 Prozent der Schüler, nach einer Erhebung des Bündnisses gegen Cybermobbing (e. V.) von 2017, sind online schon gemobbt worden. In absoluten Zahlen heißt das, dass 1,4 Millionen Schülerinnen und Schüler betroffen sind. Schülerinnen werden mehr gemobbt. Laut Bündnis gegen Cybermobbing sind 14-Jährige am häufigsten betroffen, aber auch 7-Jährige machen schon Erfahrungen mit Cybermobbing.

Jeder zehnte Lehrer sagt, er habe regelmäßig damit zu tun, jeder zweite Lehrer habe es schon einmal erlebt.

"Etwa jedes dritte Opfer läuft Gefahr, langfristig unter den Folgen des Mobbings zu leiden", so das Bündnis gegen Cybermobbing. Manche Betroffene fangen an, regelmäßig Alkohol zu trinken oder Tabletten zu nehmen. Jeder fünfte Schüler hat über Suizid nachgedacht. Lehrer berichten von Angstzuständen, Leistungsabfall und Konzentrationsstörungen.

Die Täter begründen ihre Handlungen zu 45 Prozent damit, dass das Opfer das verdient hätte. 43 Prozent gaben an, dass sie Ärger mit der betreffenden Person hatten, 18 Prozent gaben Rache als Motiv an.

Bemerkenswert ist, dass die Opfer- und Täterrolle wechseln kann. Opfer werden zu Tätern aus Rache oder Hass auf den vermeintlichen Täter.

Viele Motive kann man einordnen: Neid, Rache, Hass.

Absolut unverständlich sind die Angaben: Mehr als jeder vierte Cybermobber macht es bestürzender Weise „aus Spaß" oder weil er es cool fand (9%). 18% nannten einfach nur Langeweile oder schlechte Laune (12%). 13% betätigen sich als Mitläufer und rechtfertigen ihr Tun damit, dass es alle machen.

Das ist neu. Das hat eine eigene Qualität. Das ist eine Symbiose aus Verrohung und Internet – oder Verrohung durchs Internet?

Jedes fünfte Cybermobbingopfer hatte bereits Suizidgedanken, in absoluten Zahlen entspricht das über 280 Tausend Schülerinnen und Schüler. Weitere 30% der Betroffenen fühlen sich dauerhaft belastet. Weitere 14% versuchten mittels Alkohol oder Tabletten mit den Geschehnissen umzugehen. Man muss es noch mal betonen.

Es ist sehr bedenklich, was da unter der Decke schlummert. Von wenigen erkannt, von vielen verkannt, von nicht wenigen bagatellisiert.

Die Ergebnisse sind von 2017! Das Cybermobbing gibt es etwa 20 Jahre. Seit 20 Jahren wird gewarnt. Die Verschärfung ist, in Zahlen belegt, deutlich gestiegen. Die Bandbreite geht von Beleidigungen, Beschimpfungen, Bloßstellungen, sexuellen Bilddarstellungen bis zu Morddrohungen.

Narzissmus der Täterinnen und Täter spielt dabei eine erhebliche Rolle.

Und vieles landet in Akten der späteren Arbeitgeber. Vielfach braucht ein Bewerber für eine Lehrstelle gar keine Bewerbung mehr abzugeben: Etwas bleibt immer hängen, das Internet vergisst, bekanntlich, nichts.

Soziale Netzwerke, in denen Cybermobbing stattfindet, können auf Identitäts- und Persönlichkeitsbildung einen großen Einfluss haben. Für einen Teil der Jugendlichen spielt die Bildung ihrer Identität, ihrer Persönlichkeit und ihres Selbstwertgefühls in oder durch Instagram, Facebook, You Tube und Co eine wichtige Rolle.

Sie liefern oft via Internet für Mobbing geeignete Vertraulichkeiten selbst, sind zu naiv oder können sich zum Zeitpunkt der Preisgabe nicht vorstellen, dass die persönlichen Angaben gegen sie verwendet werden könnten. Manche Kinder sind zu unmündig, die möglichen Folgen auch nur ansatzweise einzuschätzen.

Der präventive Versuch der Kontrolle durch Eltern, sollte er stattfinden, geht ins Leere. Kinder finden Eltern im Netz uncool.

Cybermobbing ist keine Erscheinung mehr, die nur Jugendliche und Kinder betrifft.

Cybermobbing ist eine grassierende Seuche, die weder den Arbeitsplatz noch den Privatbereich verschont – die alle Menschen angeht, die entweder beruflich online oder privat internetaffin sind. Cybermobbing am Arbeitsplatz nimmt beängstigende Formen an. Es sind Existenzängste mit ihm verbunden.

Was versteht man unter Mobbing/Cybermobbing am Arbeitsplatz?

Nach der Definition des Bundesarbeitsgerichts ist "Mobbing das systematische Anfeinden, Schikanieren und Diskriminieren von Arbeitnehmern untereinander oder durch Vorgesetzte. Ob und wann aber Mobbing definitiv vorliegt, hängt von der Einschätzung des Einzelfalls ab. Es müssen Handlungen vorliegen, die über das im gesellschaftlichen Umgang allgemein Übliche hinausgehen, und es muss systematisches Handeln mit der Zielrichtung, die Rechte des Betroffenen zu beeinträchtigen, vorliegen."

Die Gefahr durch Mobbing und Cyber-Mobbing steigt. Laut des „Bündnisses gegen Cybermobbing", ist jeder dritte Erwachsene von Mobbing betroffen, jeder zehnte auch online. Angriffe am Arbeitsplatz oder im Internet sind demnach schon lange keine Seltenheit mehr.

Die Daten sind von 2014. Für die Studie wurden 6200 Deutsche über 18 Jahren befragt.

Dabei sind Frauen besonders häufig von Übergriffen betroffen. Ihr Mobbingrisiko ist laut den Studienergebnissen 1,5-mal höher als das von Männern. Als Folge müssen sich 31 Prozent der Cybermobbing-Opfer in ärztliche Behandlung begeben. Fast die Hälfte klagt über Depressionen, jeder Zehnte stuft sich als suizidgefährdet ein.

Die Täter sehen ihr Handeln oft gar nicht als schwerwiegend an. Sie geben an, oft nur aus Spaß zu handeln, ohne tatsächlichen Beweggrund.

Beleidigungen und Beschimpfungen auf Instagram, gefälschte Profile, sexuelle Anspielungen oder falsche Behauptungen auf Facebook, oder bei WhatsApp kompromittierende Videos – das Internet bietet auch bei Erwachsenen die Plattform.

Was man bei Jugendlichen noch als "Dumme-Jungen-Streich" abtun könnte, nimmt bei Erwachsenen solche Maße an, die einen erschaudern lassen. Nehmen diese Mobbenden es nicht als kriminelle Handlung wahr – oder in Kauf?

Das grassierende Phänomen lässt sich durch zwei Ursachenbereiche, die miteinander einen verhängnisvollen Deal eingehen, charakterisieren: Persönlich und/oder beruflich motivierte (Ab-)Gründe und das Internet.

Neid und Hass auf andere Personen, persönlicher Frust, berufliche Aufstiegsbarrieren – in personeller Form – aus dem Wege räumen, sonstige berufliche Querelen "beseitigen", aus sexueller Neigung oder falsch verstandener Zuneigung, und – besonders bestürzend – aus Spaß. Die gleichen Motive wie bei Kindern und Jugendlichen, wenn man das "Schulische" durch das "Berufliche" ersetzt. Nicht alles ist narzisstisch geprägt, aber vieles.

Das Smartphone nimmt dabei eine immer wichtigere Rolle ein. Es ist das Gerät, das Cybermobbing mobiler werden lässt: Man kann von jeder Ecke der Welt Nachrichten und Bilder speichern, fälschen, verschicken.

Mit dem Smartphone lässt sich der Terror fast ohne gesetzliche Konsequenzen verbreiten. Der Terror ist wohl strafbar – bleibt aber meist ungestraft.

Das Internet ist nicht die Ursache. Es verleiht der Ursache aber Flügel: Der narzisstische Hang der Menschen wird gewaltiger und gewalttätiger und die Achtung der Würde des anderen geht in gleichem Maße zurück.

Das Internet wird als Katalysator für menschliche Abgründe missbraucht.

Ein letztes Beispiel für die Symbiose aus Digitalismus und Narzissmus: der Konsum. Die Befriedigung von Bedürfnissen und die Stillung der künstlichen Bedürfnisse.

Es geht schon lange nicht mehr um die Befriedigung der Grundbedürfnisse: Essen und Trinken, Wohnen und Kleiden, Mobilität und Reisen, Kultur und Sport, Sicherheit und Arbeit.

Der neidbesetzte Kaufzwang wird durch immer innovativere Produkte und aggressivere Marketingstrategien angeheizt.

"Lifestyle" ist angesagt und zwar im hedonistischen Sinne. Hedonismus, der digital gesteuert und befeuert wird.

Definition: "Hedonismus bezeichnet zumeist eine philosophische bzw. ethische Strömung, deren Grundthese lautet, dass einzig Lust bzw. Freude und die Vermeidung von Schmerz bzw. Leid, ihre Wirkung intrinsisch entfalten. Im Gegensatz zu dem philosophischen Verständnis wird im alltagssprachlichen Gebrauch mit dem Begriff Hedonismus häufig eine nur an momentanen Genüssen orientierte egoistische Lebenseinstellung bezeichnet.

In diesem Sinne wird der Begriff Hedonismus oft abwertend gebraucht und als Zeichen der Dekadenz interpretiert." [9]

Die Maxime heißt, Lifestyle als Ausdruck des Modischen. Dahinter stecken die durch den Handel über das Internet suggerierten Wünsche, die künstlichen Bedürfnisse. Lifestyle, perfekt vermarktet. Knallharte, schonungslose und konsumpsychologisch ausgefeilte Marketingstrategien. In Sehnsüchte verpackte Güter, Verkauf von Träumen, das Ego schmeichelnde pseudo-individuelle Lösungen, ... Beworben werden keine Produkte, sondern Emotionen. Das kommt an – die ideale Symbiose von Digitalismus und Narzissmus. Digitaler Narzissmus oder narzisstischer Digitalismus?

Im Jahre 2027 wird das gigantische Formen angenommen haben. Die Marketingstrategen werden den Markt mit immer neuen Produkten, die sich wie Träume anfühlen sollen, überschwemmen. Die Verkaufspsychologie wird die vielen wohlhabenden Menschen und die weniger wohlhabenden Menschen fest im Griff haben. Die Sehnsüchte der Wohlhabenden wird sie hochpreisig vermarkten, die Sehnsüchte der weniger Wohlhabenden wird sie verramschen. Denen die nichts haben, verhilft der Staat, dass sie zu den weniger Wohlhabenden aufschließen können.

Die Überreichen, von denen es viel mehr geben wird, haben keine Sehnsüchte. Sie erfüllen sich ihre Träume echt und in Echtzeit.

---

[9] https://de.wikipedia.org/wiki/Hedonismus

16 Politik – die Ohnmächtige

Vor einiger Zeit war die Bundestagswahl. Dann waren Jamaika-Sondierungen, also Gespräche zwischen schwarz, gelb und grün. Es blieb nichts anderes übrig.

Man versuchte die kontroversen Themen auf eine Linie zu bringen. Man tat so.

Es ist nicht leicht, die diametral entgegengesetzten Positionen aus dem Wahlkampf auf ein Niveau zu bringen, mit dem es sich regieren lässt. Wenn sie im Wahlkampf von den Positionen überzeugt waren, ich will das wohlwollend unterstellen, dann ist jede Menge Herzblut mit den Standpunkten im Spiel. Die grüne Einstellung ist mit der gelben Weltanschauung schlicht nicht zu vereinbaren. Da können sie noch so viel vom Credo, "Politik ist die Kunst des Möglichen" (Bismarck) propagieren, die grünen Forderungen dürften den liberalen, besser gesagt, den neoliberalen Thesen à la Lindner, nicht entgegenkommen. Nicht, wenn sie ernst gemeint sind.

D. h., unvereinbare Themen so lange zu diskutieren, bis für die fast unveränderten Positionen neue Sprachregelungen gefunden sind. Hypotheken für die Zukunft.

Das meine ich nicht verächtlich. Sie können nicht jahrelang Überzeugungen hegen, und diese für Jamaika über Bord werfen – bei aller Staatsräson.

Die Obergrenze für Flüchtlinge, die Verschärfungen des Klimaschutzes, die vereinfachte Auffassung der Digitalisierung oder Steuergeschenke, ja, aber für wen oder was – das sind Themen, da hängt der Markenkern der Parteien dran. Da lassen sich nur mit der Faust in der Tasche Kompromisslinien finden. Für das Zustandekommen der Koalition müsste jeder Kröten schlucken. Die liegen schlecht im Magen. Die Quadratur des Kreises, schon mathematisch ein kaum zu lösendes Problem, sollte politisch angegangen werden. Man bedenke, Politik und Narzissmus ist auch eine Symbiose!

Pest oder Cholera: Von festen Positionen abrücken, und damit die Parteilinie verlassen, oder Neuwahl, wie es damals schien. Die Alternative ist nicht gerade prickelnd. Für eine Europäische Union, die dringend auf ein regierungsfähiges Deutschland wartet, ist die Neuwahl die schlechtere Option. Jamaika oder nichts. Die Sozialdemokraten hatten eine große Koalition kategorisch ausgeschlossen.

Die vier Parteien waren von daher nicht zu beneiden.

Andererseits konnten die Sondierungsgespräche nicht lange genug dauern: Es war ein Schaulaufen, das öffentliche Interesse war größer als im Wahlkampf, die Themen wurden weichgespült, alle hatten sich vordergründig lieb. Zu viel heiße Luft von Balkonen herunter.

Koalitionsgespräche sollten so sein, wie die Papstwahl. Man zieht sich zurück und berät sich, bis man tragbare Lösungen hat. Mit dem Ergebnis tritt man vor Parteitage und versucht, Mehrheiten für die Kompromisse zu finden.

Geht das nicht, wie das, m. E., in diesem Fall war, und später bestätigt werden sollte, müsste man so schnell wie möglich die Optionen prüfen.

Das mediale Schaulaufen, das jeden Tag stattfand, tat der Sache nicht gut. Die Jamaikaner genossen es sichtlich. Man hielt ihnen nicht jeden Tag so viele Mikrofone unter die Nasen. Narzissmus fördernd, Politik schädigend. Vieles wurde zerredet. Sei's drum. Die Medien wollen berichten. Nicht jeder ist zum Rhetoriker geboren.

Das ist nicht nur Politikerschelte. Das ist auch Ausdruck der Unzufriedenheit mit einem System, das durch 12 Prozent, darunter viele Denkzettelwähler, destabilisiert werden kann. Die AfD hat Einzug gehalten. Mit ihr will keiner koalieren. Ich finde, da haben sie recht. Das hatten wir schon mal.

Unzufriedenheit auch mit Teilen des Volks, wenn man so will. Ich bin der Überzeugung, die CDU/CSU und SPD hatten ihre Sache verhältnismäßig gut gemacht. Dass man beide in dieser Weise abstraft, wie es in dem Ergebnis zum Ausdruck kam, war für mich, nach der Stimmung die herrschte, zwar zu erwarten, aber nicht nachvollziehbar.

Nicht, dass ich mit der Regierung immer konform ginge, schließlich sind wir eine Demokratie, aber sie hat es geschafft, die größte Herausforderung, die Flüchtlingskrise, verantwortlich zu meistern – im Gegensatz zu den meisten anderen europäischen Ländern! Kein Staat ist von Regierungsseite so fürsorglich mit den Menschen umgegangen, wie Deutschland. Das gilt für den Bundestag bis zu kommunalen Vertretungen, inklusive der vielen engagierten Bürgerinnen und Bürger. Es gab und gibt noch dicke Bretter zu bohren, aber was das humane Handeln angeht, bin ich froh, ein Deutscher zu sein.

Es gibt noch mehrheitlich Menschen, von der Kanzlerin bis zur einfachen Frau oder zum einfachen Mann, die die Menschlichkeit über alles andere stellen.

Von den (Schul-)Kindern könnte man sich eine Scheibe abschneiden: Sie haben, einer Umfrage zufolge, die Flüchtlingskinder nicht als störend, sondern als bereichernd empfunden. Sie waren fähig, ein differenziertes Meinungsbild abzugeben. Sie waren, im Vergleich zu erwachsenen Menschen, sogar in der Lage, die Gründe anzugeben! Sie hatten Verständnis, dass man bei diesen Verhältnissen versucht, zu fliehen. Dass die europäische Politik versagt hat, dafür können beide nichts: Die befragten Schulkinder genauso wenig, wie die Flüchtlingskinder neben ihnen!

World Vision hat 2500 Kinder zwischen sechs und elf Jahren in Deutschland befragt.[10]

Das gilt es als erstes zu erwähnen. Daneben sind viele Projekte angegangen worden, die sich zum Vorteil der Bürgerinnen und Bürger erweisen.

Ich will die Augen nicht verschließen vor den Problemen mit einigen Flüchtlingen, aber die humanitäre Verantwortung für den Großteil wiegt schwerer. Die Gründe sind vielfältig. Einer geht überhaupt nicht: Man kann nicht mit deutschen Waffen in afrikanischen und arabischen Ländern die Menschen terrorisieren und sich dann wundern, wenn die Menschen fliehen.

---

[10] https://www.berliner-zeitung.de/politik/flucht-und-asyl-kinder-zeigen-die-groesste-empathie-gegenueber-gefluechteten-29709928

Was es auch zu erwähnen gibt, ist eine andere hässliche Seite Deutschlands. Sie hat das Bild vom reichen, relativ sicheren und sozialen Deutschland fast gekippt.

Menschen, die unzufrieden sind, mit ihrer persönlichen Lage. Die deshalb ihre völkischen Ansichten demonstrieren. Die aus Neid und persönlichem Unvermögen auf die Barrikaden gehen. Gut, das muss die Demokratie bis zu einem gewissen Grad aushalten. Irgendwo müssen die 12 Prozent ja herkommen.

Menschen, die für ihre fehlenden Einsichten, verwirrten Parolen und radikalen Ansichten andere Menschen beleidigen, beschimpfen, verfolgen, deren Häuser anzünden und morden. Diese Bilder, die um die Welt gegangen sind, sind beschämend. Sie sind beschämend, weil sie nicht nur durch Schwachmaten erzeugt wurden, sondern auch durch Menschen hoher Bildung. Mehr noch: Die mit höherem Bildungsabschluss haben sich auf einer Woge der Missgunst in den Bundestag tragen lassen.

Ich will dieses Thema hier nicht weiter ausdehnen. Es verdiente einer separaten Betrachtung!

Das Klima, das dadurch geschaffen wurde, hat die Wahl beeinflusst. Menschen haben die Wahl beeinflusst, die das demokratische Prinzip nicht verstanden oder gar missbraucht haben.

Das demokratische Prinzip bedeutet, hilf dir selbst und der Staat steht dir zur Seite.

Man könnte das Zitat von John F. Kennedy anführen, der gesagt hat: "Frage nicht, was dein Land für dich tun kann, sondern, was du für das Land tun kannst."

Dieses Motiv wurde bei der Wahl von den Demokratieunmündigen auf den Kopf gestellt. Ja, ich bezeichne diese Personen, die ihr Kreuz bei den Rechtsaußen machen, als Demokratieunmündige.

Die gewählten Rechtsaußen sollten wissen, dass nicht das bessere Programm oder die Person gewählt wurde, sondern die narzisstisch motivierte, hass- und hetzebefriedigende Kampagne.

Wenn ein Volk zu mindestens 12 Prozent rechts gepolt ist, muss das zu denken geben.

Solche Sprüche der Interpretation, die kurz nach der Wahl gefallen sind, "Rechts neben der CSU...", sind einfach nur krass. Rechts neben der CSU darf niemand bedient werden. Teile der CSU stehen schon, bis zur Grenze des Erträglichen, rechts. "Rechts neben der CSU" müsste von allen geächtet werden.

Alle Parteien, von der CSU – bisherigen Zuschnittes – angefangen, bis zu den Linken, sollten ein demokratisches Bündnis gegen rechte Bürger, ob rechte Wahlbürger oder gewählte rechte Bürger, schließen.

Es gibt schließlich Rechte genug! Der Geist des Nationalismus treibt Deutschland, Europa und die Welt um.

Der kleine Exkurs zeigt, das "Volk" ist nicht leicht zu regieren.

Am 1. Dezember 2017, hatte sich das Blatt gewendet. Jamaika war gescheitert. Christian Lindner soll's gewesen sein. In Wirklichkeit ist nicht zusammengekommen, was nicht zusammengehört.

Dies zu beurteilen, ist nicht meine Sache. Das tun schon seit dem Scheitern täglich in Soap-Talkshows "Experten" – zuweilen wortreich nichtssagend.

Die Jamaika-Konstellation galt als einzige Alternative. Die SPD gab ihre demokratische Verantwortung schon inszeniert am Wahlabend ab. Kaum zu glauben, wie wendehälsig sie sich seit dem zweiten Statement, nicht für eine Große Koalition zur Verfügung zu stehen, gibt.

Nicht dass ich das für falsch hielte, jetzt Gespräche aufzunehmen, aber weshalb das gezierte Brimborium, hinter dem hauptsächlich die beleidigte Attitüde von Martin Schulz steckte. Narzissmus und Winkelzüge eines Überforderten.

Auf ein Neues. Was das Neue sein wird, das weiß am 1. Dezember 2017 niemand. Große Koalition, tolerierte Minderheits-Regierung der CDU, Neuwahl, neuer Kanzler oder Kanzlerin, wankelmütige CSU, ...

Auf jeden Fall: Große Konfusion, wie es Deutschland schlecht zu Gesichte steht.

Es gibt zu wenig gestandene Politikerinnen und Politiker von Format. Vom Format des Bundespräsidenten, Frank-Walter Steinmeier, der seinen Amtsantrittsbesuch in Russland macht, und nicht nur geschönte Phrasen abgibt. Hut ab. Sein Vorgänger, Joachim Gauck, war auch ein Meister des mahnenden Wortes.

Man kann alles Mögliche über die alte und wahrscheinlich neue Bundeskanzlerin, Angela Merkel, sagen, aber nicht ihre Haltung in der Flüchtlingskrise anzweifeln.

Sie hat ihre humane Einstellung über politisches Kalkül gestellt, das nötigt Respekt ab. Vor Wolfgang Schäubles Lebensleistung habe ich den größten Respekt, auch wenn ich nicht mit allen Positionen übereinstimme. Er wird dem Parlament als Bundestagspräsident guttun. Lieber wäre mir nur Norbert Lammert an der Stelle gewesen und Wolfgang Schäuble als alter und neuer Finanzminister. Beide können mit der Sprache umgehen! Sigmar Gabriel würde ich mir in der Regierung wünschen. Wohl etwas sprunghaft, nicht unbedingt der Liebling der (SPD-)Massen, aber als Außenminister der Richtige. Wortgewandt, das Wort an der richtigen Stelle erhoben. Bei der Christin, Katrin Göring-Eckardt, bin ich sicher, sie ist das, was eine Politikerin in erster Linie sein sollte: Sie ist authentisch. Ihren Einsatz für die Umwelt nehme ich ihr ab.

Die Liste ist nicht vollständig. Sie wird aber nicht so lang, wie sie es sein sollte.

Aber sie zeigt, es sind Personen da, nur nicht in einer Partei vereint. Könnte man den Schluss ziehen, es wäre eine regierungsfähige Gruppe da, nur das Parteiendenken lässt es nicht zu? Eine Koalition der Besten? Zu gewagt, der Gedanke.

Eines ist klar: Wenn es nicht gelingt, eine zukunftsfähige Politik zu gestalten, die schonungslos die Themen der Erderhaltung, des Erdfriedens und der gerechten Verteilung des Kapitals ins Visier nimmt, dann wird es keine Rolle spielen, wer mit wem regiert. Ein "Weiter so", mit verbrauchten Inhalten, verbrauchten Ritualen, verbrauchter Rhetorik, verbrauchten Parteien und verbrauchten

Menschen, die Politik machen, hält die Erde nicht mehr lange aus. Das gilt nicht nur in Deutschland!

Die Konfusion zeigt, wie dringend nötig eine "geistig-moralische Wende" wäre. (Der verstorbene Altkanzler, Helmut Kohl, hat diese Formulierung in den Neunzigern verwendet, allerdings anders gemeint!) Viele Themen bräuchten eine geistig-moralische und zukunftsgerichtete Erneuerung. Die stehen dort, in der gegenwärtigen Politik, nicht zur Debatte – und hier auch nicht. Zurück zur Realität und zum Kernthema.

Die Digitalisierung bräuchte eine geistig-moralische Erneuerung, die alle ihre Facetten betrifft. Eine Diskussion, die nicht mit solch dürren Argumenten geführt wird, wie im Wahlkampf. Wenn die digitale Automatisierung überhaupt zum Thema gemacht wurde, dann nur plakativ. Eine substantielle Konkretisierung fand nicht statt.

Die Digitalisierung ist das Thema, das unseren Staat verändert hat und verändern wird. Überdies: Es hat die Menschen schon verändert und es wird sie weiter verändern. Wie viele es werden und wie weit wird das gehen? Das ist nicht abzusehen.

Die vernetzte Digitalisierung ist eine weltweite Revolution. Sie hat überall gleichzeitig eingesetzt. Sie hat begonnen, die Welt zu verändern, indem sie die Menschen mit einbezieht. Es ist keine technische Revolution, so wie der Name, die Vierte Industrielle Revolution, besagen soll. Es ist eine neue Stufe auf der Evolutionsleiter von unerhörtem Ausmaß. Die Entwicklung verläuft exponentiell und die fünfte Revolution steht in höchstens acht bis zehn Jahren vor der Tür.

Die KI, die Künstliche Intelligenz, in Reinkultur. Wer auf die Anwendung der Künstlichen Intelligenz nicht prospektiv agiert, also vorausschauende ethische Regeln und Kontrollen setzt, und nur die Technik forciert, der versündigt sich an den Menschen und deren Lebensgrundlagen.

Dieses Thema hatte bei der Bundestagswahl so gut wie nicht stattgefunden! Doch, Christian Lindner hatte es plakativ zum Thema gemacht. In seinem Gastbeitrag für das Handelsblatt vom 29.09.17, doziert er die Marktchancen der Digitalisierung. Er outet sich als glühender Vertreter der Technik.

Schaurig läuft's mir den Rücken runter. Wenn wir so zum digitalen "Weltmeister" würden, wie er es fordert, ist es nicht mehr lebenswert, diesem Staat anzugehören. In dem ganzen Beitrag betont er nur die Chancen – die sind hinlänglich bekannt. Von "Risiken" steht in seinem Beitrag nichts. Wenn Politik doch nur so einfach wäre.

Damit könnte er sich in China bewerben oder unter Trump dienen. "Digital first"! Undifferenzierte neoliberale Phrasen. Hinter seinem pseudo-fortschrittlichen Denken vermute ich Narzissmus pur.

Dann lieber gar nicht thematisieren. Die Wirtschaft benötigt keine Förderung, die weiß, wie's geht. Die Wirtschaft braucht Begleitung der Technik im Sinne von verbindlichen ethischen Leitlinien und sozialer Absicherung der Arbeitnehmer.

Die Autokonzerne zeigen grad unrühmlich, dass es an ethischen Prinzipien fehlt. Von Korruption über kriminelle Machenschaften bis hin zu widerwärtigen Versuchen.

Die Technik ist ein Selbstläufer, und kann auf staatliche Hilfe verzichten! Die Opfer der Technik, von denen es jetzt schon viel zu viele gibt, die könnten Hilfe gebrauchen! (Siehe Kapitel "Symbiose aus Digitalismus und Narzissmus".)

Woran liegt's, dass sich niemand an das Thema traut? Wohlgemerkt, mit allen Facetten.

Im Moment scheint es so zu sein, dass Politik mit sich selbst beschäftigt ist. Auf der Suche nach dem historischen Markenkern. Eine rückwärtsgewandte Suche! Müsste nicht jetzt der Moment gekommen sein, den historischen Markenkern der Gegenwart und insbesondere der Zukunft anzupassen? Mit alten Rezepten lässt sich die Gegenwart nicht heilen, geschweige denn, die Zukunft gewinnen. Politik hieße, die in dem letzten Jahrhundert bezogenen Ideologie-Bunker zu verlassen und mit offensiven und innovativen Konzepten auf die Herausforderungen, der sich immer schneller verändernden Wirklichkeit, zuzugehen.

Von "gestalten" will ich noch nicht mal sprechen. Markenkern in die Mottenkiste! Erfolgversprechendere Konzepte und Lösungen für die Themen der Gegenwart und der Zukunft.

Die Realität: beharren, aussitzen und hoffen. Auf was hoffen? Dass die Welt sich zurückdreht? Viele Politiker erscheinen mir wie Relikte aus einer längst vergangenen Zeit. Lassen sich in Unkenntnis der Entwicklung von Managern aus der Wirtschaft vorführen wie Laien.

Ein Laientheater ohnegleichen führt die ehrwürdige SPD auf: Sie zerreibt sich öffentlich in punkto "Groko". So lässt sich die Zukunft nicht gewinnen – und das Vertrauen der Bürgerinnen und Bürger auch nicht zurückgewinnen.

Darin liegt das allgemeine Unbehagen mit der Politik begründet. Die Bürger merken, dass sich die Politik immer mehr von der Wirklichkeit entfernt. Sie spüren die Kluft zwischen Wirklichkeit und Politik.

Nebenbei: Ich möchte nicht den Teufel an die Wand malen, aber die hilflose Politik war schon einmal Nährboden für eine unheilvolle Entwicklung.

Traut man sich nicht, "dem Volk" reinen Wein einzuschenken, oder ist man damit überfordert oder generell überfordert? Man verheddert sich in klein-klein und übersieht das große Thema, die Digitalisierung und was mit ihr zusammenhängt.

Überblickt man die Themen der Zukunft nicht? Es wäre ein Armutszeugnis für die Politik. Man überblickt sie und glaubt, sie den Menschen nicht zumuten zu können.

Ich bin ein unverbesserlicher Optimist, nach dem Motto: Jedem Anfang wohnt ein Zauber inne. Die Groko, die sich abzeichnet, steht hoffentlich nicht für "Große Konfusion". Ich würde mir wünschen, Groko steht für "Großer Kompass", der mithilft, einen Überblick zu gewinnen, was lebenswichtige Themen sind. Lebenswichtig nicht auf politische Karrieren bezogen, sondern politisch im ursprünglichen Sinne: Dem Gemeinwesen zu dienen.

Ein "Weiter so" wäre fahrlässig – wie das nächste Kapitel zeigt.

17 Die Erde – ein Pulverfass

Die Erde ist ungefähr 4,5 Milliarden Jahre alt. Das ist eine schier unvorstellbare Zahl.

Menschliche Funde sind seit 2,8 Millionen Jahren belegbar. Die Menschen haben sich zu jeder Zeit bekriegt. Die Menschen haben sich zu jeder Zeit bekriegt – ohne die Erde ernsthaft zu "beschädigen". Die Erde war ihnen stets zu Diensten: Sie hat das, für das Leben benötigte, zur Verfügung gestellt. Sie hatten Wasser. Sie fanden das Feuer, das sie wärmte. Die Menschen entwickelten Kulturtechniken, die sie ernährten. Sie hielten Tiere, die zur Nahrung und zur Herstellung von Kleidung dienten. Die Menschen lebten im Einklang mit der Natur. Das ging gut, bis 1679 James Watt ein Patent auf die Dampfmaschine bekam.

Damit begann der Mensch, in die Erde einzugreifen, um fossiles Gestein und, wenig später, Erdöl und Erdgas herauszuholen. Gleichzeitig lagerte er die Abgase von deren Verbrennung in der Atmosphäre ab.

Die Erste Industrielle Revolution kam ins Rollen – und mit ihr begann die Schädigung der Erde. Wir haben in gut 300 Jahren sie so aus dem Gleichgewicht gebracht, dass es beängstigend ist.

Das nahm mit der Zweiten Industriellen Revolution richtig Fahrt auf. Im europäischen Raum war das so ab 1880, als die Hochindustrialisierung begann, im amerikanischen Raum sprach man mit der Einführung des Fließbandes, der Massenproduktion, ab 1920 davon.

Volle Fahrt auf, nahmen nicht nur die produzierten Güter, sondern die Entnahme von Öl, Gas und Kohle aus der Erde und damit die Schädigung der Atmosphäre durch ihre Emissionen – und der Erde selbst.

Mit der Dritten und Vierten Revolution, dem Computer, dem Internet und der Vernetzung der digitalen Möglichkeiten, wurde die Erde zum Pulverfass. (Die Dritte war zur Zeit des Kalten Krieges.) Nun sind es keine nur industriellen Revolutionen mehr, sondern es sind allumfassende Revolutionen.

Digitale Strukturen durchziehen den ganzen Lebensbereich. Der Mensch ist gefangen im Netz.

Der Mensch hat sich mit der Dritten und Vierten Revolution mitverändert.

Es ist beileibe keine technische Revolution mehr, es ist eine Stufe der Evolution.

Ein virtuelles Netz hat sich um die Erde gelegt. Die hintersten Ecken der Welt werden erreicht. Das Internet hat dazu geführt, dass es nicht nur die Informations- und Kommunikationsmöglichkeiten revolutioniert hat, sondern es hat die Menschen geformt.

Das Internet wird zu Unrecht gescholten. Es kann nichts für seine User!

Es ist jetzt so leicht, sich der Technik zu bedienen. Jeder hat sie und geht damit um. Die Technik wird instrumentalisiert. Die darin versiert sind und bestimmte Interessen verfolgen, benutzen die Technik, um die Menschen zu beeinflussen. Das Internet ist das Werkzeug, das erdumspannend zu Informations- und Kommunikationszwecken gebraucht und missbraucht werden kann.

Vom Gebrauch wird später noch die Rede sein.

Hier soll der Missbrauch durch bestimmte Personen angesprochen werden. Das Internet in der Hand von führenden Politikern macht die Erde zum Pulverfass. Putin, Erdogan, Rohani, Netanjahu, Abbas, Assad, IS-Führer, Trump, Kim Jong Un, Aung Suu San Kyi, Xi Jinping, die Despoten in Afrika, etliche europafeindliche Mitglieder der EU – die Liste ließe sich weiterführen.

Sie alle bilden ein undurchsichtiges Geflecht an Feindseligkeiten. Sie geben der Welt das Gefühl der Unsicherheit. Das kommt nicht von ungefähr: Ständig brechen irgendwo neue Brandherde auf – zu den kaum mehr überschaubaren bestehenden Konflikten.

Die universale Waffe, über die alle Konflikte gesteuert werden: Das Internet.

Welche Rolle das Internet spielt, dazu ein paar konkrete Beispiele.

Der **Cyberkrieg** wurde schon angesprochen. In den Händen von machtversessenen Menschen in entsprechenden Positionen ist das Internet die universale Waffe: Subtil, schwer nachzuweisen und ungeheuer effektiv. Es ist geradezu klinisch einzusetzen: Um Anlagen jedweder Art zu hacken und zu sabotieren. Um zu verunsichern, um auf eine andere Fährte zu locken, um zu provozieren, um gezielt Gerüchte zu streuen, um Panik zu verbreiten, ...

Der **internationale Terror** benutzt das Internet gezielt, um Menschen zu rekrutieren, zu unterrichten und zu fanatisieren. Sie abzurichten zum Entführen, Sabotieren, Foltern, Morden und sie zu Massakern zu veranlassen.

Das kann Staatsterror sein, religiöse Hintergründe haben, ethnisch motiviert sein oder der puren Machtversessenheit entspringen.

Der internationale Terror setzt auf die Verbreitung der Attentate im Internet. Hier kann er getrost auf Schützenhilfe vertrauen: Was er nicht übers Internet schafft, nehmen den Attentätern die sonstigen Medien ab. Ein unheilvolles Wechselspiel. Die Gräueltaten wirken sich primär auf die Opfer aus. Sekundär aber, und das ist den Attentätern wichtiger, durch die Medienpräsenz. Der kurze Anstoß im Internet wird durch biedere Nachrichtensprecher auf der ganzen Welt geradezu potenziert. Der Befriedigung der Neugier der Menschen, ist die Tatsache geschuldet, dass berichtet wird. Der Wettlauf der Medienagenturen ums eigene Überleben tut das seine noch dazu. Wenn die eine es nicht tut, tut's die andere. Das wiederum schadet der einen.

Das Spiel der Neugier der Menschen mit den Medien, ist schwer verständlich.

Die Neugier, diese positive, ureigene Eigenschaft der Menschen, dient als Handlanger der Terroristen, indem Nachrichtensprecher und Nachrichtenschreiber gezwungenermaßen über deren Bluttat berichten. Sie entfacht einen wahren Wettbewerb, wer der Schnellste ist. Kurz nach dem Bericht geht's der Nachricht wie vielen: Man hört oder sieht sie, man schüttelt den Kopf, und sie schwimmt im Meer der schlechten Nachrichten davon. Dafür, dass man etwas berichtet, was sowieso unter Katastrophenmeldungen abgelegt wird, spielt man im grausamen Spiel des Terrorismus den Tätern in die Karten. Was ist das für ein perfides "Spiel"? Journalismus.

Die Presse unterliegt auch den Gesetzen des Marktes. Ein Teufelskreis – irgendwie versteht man die Welt nicht mehr.

Das Internet kann einem leidtun, für welch bizarre Zusammenhänge es missbraucht wird.

Das Internet, die Medien und die Neugier der Menschen, im Normalfall lautere Dinge, bilden die Voraussetzung, derer sich die ISIS, die Hamas, die in Kolumbien tätige Farc, die Hisbollah im Libanon, die Taliban in Afghanistan und Pakistan, die weltweit organisierte Al-Qaida, weitere terroristische Vereinigungen, und natürlich Trittbrettfahrer, bedienen. Darüber hinaus, darf man die ganz "normalen" Staaten nicht vergessen.

Soll man die **Amerikaner** deshalb bedauern, dass sie ihren eigenen Peiniger selbst gewählt haben? Sie haben den zum Präsidenten gewählt, um den sie kein vernünftig denkender Mensch beneidet.

Man muss sie nicht bedauern, dass sie **Donald Trump** zu ihrem Präsidenten gewählt haben. Er ist schließlich mehrheitlich gewählt – aber den Rest der Welt.

Die Welt war vorher schon aus den Fugen, sonst gäbe es keinen Donald Trump in der Position. Aber seit er Präsident ist, ist die Welt ein Russisches Roulette. Man weiß nie, wann der Schuss losgeht – und er weiß es auch nicht.

Er nimmt bestehende Beschlüsse zurück, er will Gesetzesvorlagen auf den Weg bringen, und weiß nicht, wie es geht, er muss zurückgenommene Beschlüsse wieder zurücknehmen, er muss Gesetzesideen wieder zurücknehmen – zum schwindlig werden. Er hat, glaube ich, bis jetzt noch nichts Konstruktives getan, nur Verwirrung gestiftet. Er hat eine Steuerreform auf den Weg gebracht. Zur Finanzierung hat er nichts gesagt. Eine gewaltige Umverteilung von unten nach oben. Sogar Google will in den nächsten Jahren seine in Steueroasen geparkten Milliarden zurückholen. Amerika ist jetzt selbst eine für Betuchte.

So lange seine Verwirrtheit nach innen gerichtet ist, also nur Amerika betrifft, ist das Schauspiel amüsant anzuschauen. Sie haben das, was sie gewählt haben, könnte man sagen. Das Spiel ist zu ernst, als dass man so lapidar abwinken könnte.

Schon rufen deutsche Manager nach Steuersenkungen. Trump wird eine Spirale nach unten in Gang setzen, die jedes Maß verloren hat. Er ist unberechenbar. Trump hat die Welt unsicherer gemacht!

Drohen mit militärischer Stärke gegenüber Kim Jong Un, im Säbelrasseln vereint mit Japan. Marionette von Putin, ist er doch von Putins Gnaden Präsident – solange er sich noch dran erinnert. Sein Langzeitgedächtnis ist nicht das Beste. Freund und Feind wird mit widersprüchlichen Aussagen irritiert.

Das Klimaabkommen aufgekündigt, was ihm im eigenen Land harsche Kritik einbringt. Ihn ficht das nicht an. Er ist beratungsrestistent.

Er will Amerika vor internationalem Handel durch Schutzzölle schützen, wie im Mittelalter. Seine Mauer zu Mexiko ist schon legendär – irrsinnig. Obwohl: Wenn Mexiko sie nicht selbst finanziert, kann es sein, dass sie nicht gebaut wird...

Die allgemeingültige Krankenversicherung, "Obamacare", zurücknehmen wollen – menschenverachtend. Die Waffengesetze bleiben – die Menschen müssen sich schließlich vor Attentätern schützen.

Er ist der erste Despot im Amt des amerikanischen Präsidenten. Vor seinen wirren, aus der Hüfte geschossenen, substanzlosen Äußerungen fürchtet man sich – weltweit.

Sein Medium: Das Internet.

Es hat ihn ins Amt gebracht und es hat ihn, bislang, im Amt gehalten. Er hat mit einer Riesenmannschaft das Internet zu Wahlkampfzwecken missbraucht. Er hat Fake-News verbreiten lassen, er hat es zum Verbreiten seiner nationalistischen "Amerika first" Wahlkampfslogans benutzt und seine Mitbewerberin diskreditiert.

Er hat die Methoden des Cyberkriegs perfektionieren und anwenden lassen.

Welche Rolle Russland gespielt hat, wird derzeit gerichtlich untersucht. Er lässt gerade den Sonderermittler, Robert Mueller, mitsamt FBI und Justizministerium diskreditieren. Er ist sich für keine Schlammschlacht zu schade.

Er macht einen Rechtsstaat zur Bananenrepublik – ohne wirklichen Widerstand.

Dass Russland in seinem Sinne mitgespielt hat, steht außer Frage. Allerdings: Putin spielt nie uneigennützig.

Zu seinem Regierungsstil: Twitter, Twitter, Twitter. Vertraulichkeit gibt es nicht. Er plappert, oder besser, er zwitschert grad, wie's kommt. Er legt sich mit den Medien an, wenn sie nicht willfährig berichten.

Mal sehen, wie lange der eine oder andere "Berater" ihm die Stange noch hält. Wenn sie ihn "falsch beraten", werden sie ausgewechselt. Inzwischen hat er einen Stamm von Honigsaugern beisammen. Nur wenige können der Versuchung des Rampenlichts widerstehen.

Rex Tillerson, der Außenminister, ist so ein Beispiel. Er hat zuerst Trump als „Deppen" bezeichnet – was er nie dementiert hat – dann sah es nach einer Absetzung aus, Tillerson wurde im Sinne Trumps geläutert, und verteidigt ihn nun mit den Worten: "Ich habe Trumps geistige Eignung nie angezweifelt." [11]

Donald Trump ist Narzisst. Punkt. Das müsste, strenggenommen, auch für mehr als die Hälfte der Amerikaner gelten. Denen hat er versprochen, was sie hören wollten. Wenn er nicht hält was er versprochen hat, ist er um keine Finte verlegen. Intellekt, also "geistige Eignung", kann man ihm wahrlich nicht unterstellen, aber er ist ungehörig bauernschlau.

Abschließend: Man weiß nicht, soll man sich über ihn als "Meister" in Gestik, Mimik und Gesagtem belustigen,

---

[11] http://www.spiegel.de/politik/ausland/rex-tillerson-ueber-donald-trump-keine-zweifel-an-geistiger-eignung-a-1186498.html

seinen unfreiwilligen Hang zum Slapstick bewundern oder als despotischen Präsidenten fürchten? Seine Erlangung der Macht, und seine Ausübung der Macht und sein Drang, sie zu missbrauchen, lässt nur Letzteres zu.

Für mich ist er ein Psychopath.

Sein Fall zeigt, wie weit die digitale Manipulation in Amerika geht. Die Amerikaner sind, m. E., schon fortgeschrittener in Sachen Digitalismus und Narzissmus, als wir. Sie sind für Trump'sche Parolen und seine alternativen Fakten anfälliger.

Es gibt die anderen Amerikaner, die Trump-Gegner, noch. Wie viele? Man glaubt es nicht, wie viele Anhänger er hat, die die nationalistischen Parolen mögen und den unbedarften und machtmissbrauchenden Menschen vergöttern. Das sogar in Deutschland, sogar unter Journalisten! Die Freunde Trumps geben sich sogar offen zu erkennen. Ob offen oder heimlich, ich finde das makaber. Das Ganze trägt Züge von Zeiten in Deutschland, von denen ich glaubte, für immer verschont zu bleiben.

Wer einmal sehen möchte, wie totale Digitalisierung funktioniert, muss nach **China**. Dort hat der Staatspräsident, **Xi Jinping**, mit neuen Strukturen der Politik China zu einer Wirtschaftsmacht de Luxe umgekrempelt. Das Reich der digitalen Mitte. China hat sich vom "Copy-Shop" zur führenden digitalen Macht entwickelt. Mit allen Konsequenzen. Xi sieht sein Land "im Zentrum einer globalen Welt" und will an seinem Kurs der marktwirtschaftlichen Öffnung festhalten.

Zugleich will er an der Kontrolle des politischen Apparates festhalten. Er will die Kontrolle über die gesamte Gesellschaft – und über das Internet. Rigoros geht er gegen Staatsfeinde vor.

Er hat es geschafft, mit einem integrierten, kontrollierten, digitalen System eine florierende Marktwirtschaft aufzubauen und zugleich die sozialistischen Zügel fest in der Hand zu behalten.

Der chinesische Konzern "Tencent", ein 335 Milliarden Dollar schweres Internet-Unternehmen, kaum 20 Jahre alt, vereint u. a. Online-Handel, Netzwerbung, Spiele, Sofortnachrichtendienste, Soziale Netzwerke, Online-Medien, ... Er hat mit "WeChat" ein Bezahlsystem, das seinesgleichen sucht. Es verbindet alle Geschäftsbereiche.

Das zweite Internetunternehmen ist "Alibaba", etwa 315 Milliarden Dollar wert. Es hat "Alipay" als Bezahlsystem. Es ist ein Jahr jünger.[12]

Ein Viertel aller Bezahlvorgänge in China wurden 2016 über das Smartphone abgerechnet. Das sind 12,5 Billionen Euro, die mobil abgerechnet wurden.

Im Vergleich: Das deutsche Bruttoinlandsprodukt 2016 betrug 3,15 Billionen Euro.

Jeder Hautcreme, jedem Staubsauger, jeder Flasche Schnaps, jeder Packung Kondome ist jetzt ein Kunde zuzuordnen, ein Ort und eine Zeit. Die Unternehmen wissen alles über ihre Kunden – und der Staat weiß es auch!

---

[12] https://de.statista.com/statistik/daten/studie/217485/umfrage/marktwert-der-groessten-internet-firmen-weltweit/

Man arbeitet mit der Gesichtserkennung! Der Suchmaschinenbetreiber "Baidu" hat eine Software entwickelt, die menschliche Gesichter erkennt: 99,77 Prozent Trefferquote. Das ist weltmeisterlich. Da können Apple, Google, Facebook und andere nicht mithalten. Nebenbei: Sie spielen in China sowieso kaum eine Rolle. China schottet das Internet ab. Wenn sie nicht nach den chinesischen Regeln spielen, werden sie abgeschaltet.

Das ist wie bei Orwells "1984", nur dass die Kunden ihre digitale Visitenkarte selbst abgeben. Sie finden auch nichts dabei, keine Privatsphäre zu haben. Oder ist es so, dass sie nie eine hatten? Das würde ihr Verhalten ein Stück weit erklären.

Demnächst soll die Emotionserkennung dem Kundenberater verraten, wie sich der Kunde fühlt und wie er behandelt werden will, dass ein positiver Geschäftsabschluss zustande kommt.

In keiner Nation der Welt, haben sich die Menschen auf Gedeih und Verderb dem Internet so verschrieben. Die Chinesen haben sich enthusiastisch dem digitalisierten China hingegeben und ausgeliefert. Das Smartphone ist überall im Einsatz.

Paare, die sich im Café gegenübersitzen, kommunizieren miteinander digital. Sie legen das Smartphone nicht mehr aus der Hand. Es hat den Rang eines Körperteils.

Doch Xi Jinping lässt es nicht so weit kommen, wie er meint, dass es anderswo schon ist: Er möchte die digitale Struktur dazu nutzen, die User auf den Pfad der Tugend zurückzubringen. Er lässt die biometrische Gesichtserkennung dafür einsetzen.

Er möchte, dass jeder seiner 1,4 Milliarden Chinesen bis 2020 erkannt wird.

Er lässt ein Punktesystem vergeben, den "Social Credit Score", eine Art Verhaltenskodex, und heraus kommt der "ideale Chinese". Der Social Credit soll "traditionelle Tugenden" und "ehrbare Mentalität" fördern.

"Sicherheit, Wohlstand, Soziales, Fügsamkeit und Konsum" sollen sich aus dem Punktesystem ergeben. Langes rumsitzen, oder 10 Stunden am Tag Computerspielen nachzugehen, ist ein Zeichen von Trägheit und gibt Punkteabzug. Frühes ins Bett gehen, oder wer älteren Mitbürgern hilft, sind Zeichen von Verantwortung, und werden belohnt. Gutes tun, gibt Pluspunkte, ungehöriges Verhalten zieht Negativpunkte nach sich.[13]

Dieses Kontrollsystem hat George Orwells Vorstellungsvermögen bei weitem übertroffen. Das Makabre oder das Zynische daran – es ist freiwillig geschehen.

Internet, Staat und Person sind eins. Was der Staat nicht geschafft hat, hat das Internet geschafft.

Das Internet hat die Menschen entpersonalisiert – man könnte auch von "entkernt" sprechen. Es gibt nichts mehr, was der Manipulation entgegensteht. Das heißt, dass sie keinen Wertekanon mehr haben, der die Vereinnahmung

---

[13] http://www.spiegel.de/netzwelt/netzpolitik/china-social-cre
dit-system-ein-punktekonto-sie-alle-zu-kontrollieren-a-
1185313.html

durch den Staat verhindert. Sie haben der Faszination "Netz" nicht widerstanden. Sie haben die Privatsphäre, die Persönlichkeit des Individuums, freiwillig preisgegeben.

Die persönlichen Werte wurden, teils staatlich, teils privat, durch digitale ersetzt. Sie sind Teil des digitalen Systems und funktionieren im Sinne des Systems. Damit funktionieren sie auch im Sinne des Staates.

Xi Jinping hat es somit leichter, auf die Menschen Einfluss zu nehmen. Er benutzt das Medium, das alle haben wollen und völlig unkritisch damit umgehen. Er benutzt es, eigentlich, legal.

Auf dem Parteikongress, der im Oktober '17 stattgefunden hat, sagte er, wie er es machen will: Man müsse "in Wissenschaft und Technik zu neuen Ufern aufbrechen, um ein digitales China und eine smarte Gesellschaft aufzubauen."

Er zeigt damit ganz unverhohlen:

Auf einem, vom Digitalismus durchdrungenen System, lässt sich eine Gesellschaft formen, in der der Sozialismus und Kapitalismus miteinander verschmelzen.

Seine "smarte Gesellschaft" ist eine, von entpersonalisierten, steuerbaren Menschen. Menschen entwickeln hochintelligent Software und Hardware zur Prozessoptimierung. Menschen fügen sich ohne Murren in die Fertigungsprozesse ein. Beide Gruppen genießen die digitale Freiheit.

Ein letztes Beispiel noch.

Russland. Putin hat die Macht fest im Griff. Er scheint, mit manch anderen Staatsoberhäuptern zu spielen. Seine Inszenierungen und seine Gestik und Mimik verraten den aalglatten, eiskalten Machtmenschen. Er weiß seine Worte zu wählen, damit sie in dieses Klischee passen. Er verkörpert es mit jedem Atemzug.

Viele Russen wollen den starken, unerschütterlichen Staatsmann. Die Russen wollen den Despoten, der über Nacht Teile des Anrainerstaates, Ukraine, annektiert. Er erklärt die Halbinsel Krim für russisch und lässt das Militär einmarschieren. Punkt.

Er hat damit einen neuen Konflikt geschaffen. Sanktionen, die nichts bewirken, folgen. Im Gegenteil: Sie einen Russland.

Diplomatie aus Verzweiflung. Verzweiflung, weil sie an Putin abprallt. Verzweiflung aus Abhängigkeit. Diplomatie funktioniert nur auf Augenhöhe.

Putin weiß, worauf er sich verlassen kann: Bodenschätze in unvorstellbarer Menge, Militärparaden, diktatorische Strukturen und das Internet.

Zum Vergleich:

Russland hat 145 Millionen Einwohner auf 17,1 Millionen Quadratkilometern.

Die Volksrepublik China hat 1 400 Millionen Einwohner bei 9,6 Millionen Quadratkilometern.

Amerika als Staat hat 323 Millionen Einwohner auf 9,2 Millionen Quadratkilometern.

Deutschland hat 82 Millionen Einwohner auf 0,36 Millionen Quadratkilometern.

China hat 10 Mal so viele Einwohner auf halb so großer Fläche wie Russland.

Russland ist ca. 47 Mal so groß wie Deutschland und hat ungefähr 1,8 Mal so viel Menschen.

Zur Veranschaulichung der Dimensionen. Es ist manchmal nötig, sich die Verhältnisse zu vergegenwärtigen. Damit ist ein Teil von Putins Stärke erklärbar.

In Gegensatz zu China, gibt es in Russland zaghaften Widerstand. Es gibt noch Demonstrationen gegen Putin und seinen Apparat.

Unter anderem deshalb, die guten diplomatischen Beziehungen zu China. Von China kann Putin noch lernen – China ist, aus russischer Sicht, vorbildlich. Wie man mithilfe des Internets Menschen so konditioniert, dass ihre Ziele gleichzusetzen sind mit denen des Staates, das scheint Putin zu imponieren.

Putin hat eine fabelhafte, bestfunktionierende Abteilung "Cyberkrieg". Die ist, in jedem für ihn wichtigen, Staat der Erde "zu Hause". Sie könnte sogar ein paar Prozente beisteuern, was dem amerikanischen Kandidaten zum Sieg hätte verhelfen können...

Sie kann Dissidenten im eigenen Land aufspüren. Den Rest besorgt dann die gleichgeschaltete Polizei und Justiz.

Was der Nachteil am "System Putin" ist, es werden langsam zu viele, die aufbegehren. Das behagt ihm nicht.

Er möchte nicht auf die Demonstrationen reagieren, die an seinem Image kratzen. Putin ist es gewohnt, zu agieren. Er hat die Möglichkeit verpasst, sein Land so konsequent abzuschotten, wie es China macht. Sein Credo: Von China lernen, heißt, siegen lernen.

Nebenbei: Amerika hat auch die Vormachtstellung Chinas im Umgang mit dem Internet erkannt. Die amerikanischen Berater, oder die Trump'schen Berater, haben ihrem Gebieter auch eine neue Devise nahegelegt: Sei lieb beim Herrscher der Mitte. (Im Gegensatz zum Wahlkampf.) Prompt hat er beim Staatsbesuch bei Xi so viel Honig mitgebracht, dass dieser aus dem Lächeln nicht mehr rauskam. Das Lächeln begleitete er auf dem roten Teppich mit so viel inszenierter "Ehrerbietigkeit", dass Trump gar nicht mehr aus dem Säuseln herauskam.

Trump ist jetzt auch wie ein Chinese: Zahm!

Das muss man Xi lassen: Er hat "seine Leute" im Griff. Trump, Putin, die Chinesen und die Konzernmagnaten der Welt – wenn die zu Chinas Wirtschaftsstand passen.

Es wäre amüsant, sie dienen zu sehen, wenn es nicht solche Folgen hätte.

Allen gibt er das Gefühl, sehr wichtig zu sein. Wenn China so weit ist, alleine produzieren zu können, hat der Mohr seine Schuldigkeit getan.

Es war rührend, wie Trump beim Staatsbesuch die Segnungen, also die Abschlüsse für die Wirtschaft, als "Erfolg" seiner Diplomatie ausgegeben hat. Dabei war es nur eine Aufhübschung seiner Außenhandelsbilanz mit Gütern, die China noch braucht.

Xi versteht sein Geschäft meisterhaft.

Was früher "Feldzüge" Chinas im Abendland gewesen wären, sind heute ganz gezielte Staatsbesuche mit den Wirtschaftsvertretern im Schlepptau. Es wird zwar kein Blut mehr vergossen – Gott sei Dank – aber Raubzüge sind es trotzdem. Offiziell heißt das "internationaler Handel".

Zurück zu Putin.

Er hat (fast) alle im Griff. Trump ohnehin: Putin wird das Grinsen nicht mehr los, wenn er zusammen mit dem unbedarften Trump auftritt.

Die oft uneinige Nato, er kennt alle Schachzüge. Das erinnert an die "Spieltheorie" des Kalten Kriegs. Das berühmte Hase-und-Igel-Spiel. Putin ist der Igel: Dank der Radikalität seines Cyberkriegs scheint er immer einen Schritt weiter zu sein.

Er hat andere Länder im Griff, aufgrund deren Abhängigkeit von russischen Bodenschätzen, vor allem Öl und Gas. Das gelingt besonders gut, mithilfe des ehemaligen Bundeskanzlers, Gerhard Schröder: Im Vorstand der Nord Stream AG, die zu 51 Prozent zu Gazprom gehört, sichert er die Verlegung der Pipeline Russland – Deutschland/Europa durch die Ostsee gegen baltischen und polnischen Widerstand.

Am 29. September 2017 wurde Schröder zum Chef des Aufsichtsrats des russischen Energiekonzerns "Rosneft" gewählt. Der Konzern gehört mit Mehrheit dem Staat. Diesmal wäre es in beiden Fällen falsch, von Handlanger zu sprechen – Schröder hält ganz schön die Hand auf. Er bezeichnete Putin als "lupenreinen Demokraten" – und er, Schröder, würde sich nur in den Dienst der Sache stellen.

Etwas anders ist es bei der Ukraine-Krise, die läuft nicht so geschmeidig. Da spielt, außer der Krim, das Öl und Gas auch eine Rolle: Als Mittel der Erpressung.

Na ja, die Fußball-WM 2018 in Russland wird's schon richten. Ein russisches Sommermärchen. Jubelndes Volk, jubelnde Völker, jubelnde Funktionäre, jubelnder Putin.

Anmerkung: Der Sarkasmus ist nicht auf die Sportler bezogen. Wie kann man bloß die Fußballweltmeister-schaft an Russland (oder Qatar) vergeben?

Nur diese paar Demonstrationen, die sind für Putin kurz vor der Wiederwahl ein Ärgernis, ein Fleck auf seiner lupenreinen Weste.

Da muss er noch von Xi lernen... Und Xi lächelt... Weiß er doch, dass das nicht geht.

Putin hat zur rechten Zeit verpasst, das Internet mit Xis Methoden zu blockieren, staatsfreundlich zu machen. Dazu ist es zu spät. Die russischen Menschen haben sich diesbezüglich zu westlich entwickelt.

Die jungen Menschen sind immerhin mal auf der Straße.

Womit wir bei den Vorteilen des Internets sind.

18 Das Internet – kann nichts dafür.

Das Internet kann nichts dafür – es ist nur eine technische Einrichtung. Der technische Stand wurde weiterentwickelt – so wie das seinerzeit mit dem Küchenmesser war. Man wollte nur etwas erfinden, was die Küchenarbeit erleichtert. Das gelang mit dem Küchenmesser. Dass damit Verbrechen begangen wurden, Verletzungen und Morde, dafür kann es nichts. Sollte man das Küchenmesser lieber nicht erfinden, weil abzusehen war, dass es auch missbraucht werden konnte?

Wohl nicht.

Genauso war es mit dem Internet und mit dem, was sich daraus entwickelt hat: Das Internet der Dinge, die Roboter – die Automatisierung schlechthin. Nicht mal die Künstliche Intelligenz kann etwas dafür, dass sie auch für nicht friedliche Zwecke eingesetzt werden wird.

Die Erfindung der Computer, des Internets, der Smartphones, der Tablets, des Internets der Dinge, der Roboter und der Künstlichen Intelligenz sind ein Segen für die Menschheit, ganz ohne Zweifel.

Anders ist es mit den Anwendungen – da ist es wie mit dem Küchenmesser.

Ich habe so vieles über den Missbrauch der Technologien geschrieben, dass der Verdacht aufkommen könnte, ich wäre der Digitalisierung gegenüber nicht aufgeschlossen. Das ist nicht der Fall.

Ich habe schon einmal betont, dass ich mein momentanes Leben der Digitalisierung verdanke. Ich bin daher nicht verdächtig, ein notorischer Fortschritts- oder Technikverweigerer zu sein.

Ohne die Innovationen in der Medizin, von denen viele mit der Digitalisierung zusammenhängen, wären zahlreiche Menschen nicht mehr am Leben.

Ein Krankenhaus ist ohne Digitalisierung undenkbar. Von der Aufnahme der Patienten, über die Übermittlung von Informationen in Echtzeit, über die Kommunikation im eigenen oder mit anderen Krankenzentren, über das Erkennen und Behandeln von Krankheiten, über die Telemedizin, über die Forschung bis zur kompliziertesten OP – die bestehende und die Weiterentwicklung der Digitalisierung sind ein Segen.

Wer jetzt ein "aber" erwartet hätte, es gibt kein "aber". Der bisherige Stand, die Forschung und der Nutzen der digitalisierten Krankenhilfe sind ein Segen. Ob wir das dann alles müssen, was wir können, steht auf einem anderen Blatt.

Das müssen die entscheiden, die involviert sind.

In der Altenhilfe sieht es ein wenig anders aus. Es gibt kein Pflegeheim, das nicht vernetzt ist. Schon die Logistik würde zusammenbrechen. Vielfach erleichtern die "Wearables", die Wäsche mit Sensoren, den senilen oder demenziellen alten Menschen den Alltag oder die Orientierung. Rollstühle mit GPS, die elektronische Patientenakte, die Emotionsroboter und selbst Humanroboter sind hilfreich in der Altenpflege.

Wer entscheidet aber, was noch lebenswert ist, wenn der zu pflegende Mensch selbst nicht mehr imstande ist? Er kann rechtzeitig verfügen, dass Ärzte, wenn er nicht mehr leben **kann**, das feststellen und die Apparate abstellen.

Er kann nicht darüber verfügen, dass Ärzte es arrangieren, wenn er nicht mehr leben **will** – wenn er nur noch digital am Leben gehalten wird.

Jeder müsste die Würde seines Todes, zur richtigen Zeit, selbst bestimmen können. Hier wird auch deutlich, warum ich das Wort "offen" in Beziehung zur Gesellschaft als fragwürdig einstufe. Man ist offen, bis zur Frage des Todes. Da hört das "Offen" auf. Mir wird das Wort oft zu scheinheilig eingesetzt – manchmal zu sehr instrumentalisiert.

Die Digitalisierung der Wirtschaft ist schnell zusammengefasst: Sie ist notwendig. So funktioniert unser System. Ausscheren geht nicht. Nicht mit unseren Vorstellungen von Wohlstand. Abstriche wollen wir – im Durchschnitt – keine machen. Das ist ein klarer Auftrag an die Verantwortlichen der Wirtschaft, zu rationalisieren und damit zu automatisieren – damit Wohlstand auch bezahlbar bleibt.

Das ist ein ehernes Gesetz.

Die vernetzte Digitalisierung voranzutreiben, ist ein Muss. Das bedeutet, dass das Internet der Dinge künftig die Fertigungsprozesse steuern wird, möglichst von der

Bestellung des Kunden bis zum Kunden. Nur wenige Menschen werden noch in den Fertigungshallen stehen.

Sie unterstützen die Roboter. Über kurz oder lang wird die KI, die Künstliche Intelligenz, bei unvorhergesehenen Problemen oder einfach für bessere Produkte, das Denken übernehmen. Entweder im Roboter direkt oder als Prozesssteuerung.

Man braucht mehr Menschen in der Informatik als in der Montage. Es werden aber weniger und höher qualifizierte sein.

Das gilt in ähnlicher Weise in allen Branchen. Das liegt nicht an der Entwicklung der Branchen, sondern an der modernen Digitalisierung, die universell einsetzbar ist. Man muss feststellen, dass die digitalisierte Globalisierung auch dem abgelegensten Bauern im Schwarzwald oder anderswo keine Wahl lässt. Entweder er zieht mit seiner Milchfabrik, mit seiner Schweinemästerei oder seiner Rinderzüchterei mit, oder er ist weg. Das gilt auch für den Ökobauern.

Das liegt nicht an der Automatisierung, sondern am Konsumverhalten der Menschen. Das macht die Automatisierung nötig.

Man sieht, in der Medizin, sogar in der Pflege und in der Wirtschaft ohnehin, ist die Automatisierung gang und gäbe. Wer meint, etwas aufhalten oder verlangsamen zu können, der irrt. Wenn Unbehagen aufkommen sollte, das Internet ist nicht schuld.

Das Internet ist fundamental. Es dient dem Computer oder Smartphone zur Kommunikation und zur Information, es kann das Haus vom Keller bis zum Dach vernetzen, es macht das Auto zur IKT-Zentrale – es ist die universelle Allzweckwaffe für den Menschen.

Es entscheidet nicht, wann und wer angerufen wird, was gepostet wird, ob das Haus vernetzt wird oder wie weit, es hat das Auto nicht zum geliebten Kultobjekt gemacht, zum Hi-Tech-Spielgerät für jeden Spieltyp – das Internet ist nicht schuld.

Noch ein ganz menschenverachtendes Beispiel: Pädophilie. Das ist so ekelerregend, so verabscheuenswert, so widerlich – es verschlägt einem die Sprache. Das ist für die Opfer so furchtbar, da fehlen die Worte. Gepaart mit Kinderpornographie und käuflichem Sex – man wünschte sich insgeheim die Todesstrafe. (Wohl wissend, dass das nicht geht.) Diese grauenhafte Straftat ist jetzt einfacher zu haben und schwerer zu verfolgen, aber als Phänomen ist es nicht neu.

Nicht mal dafür kann das Internet etwas. Aber das Phänomen zeigt, wie grenzenlos Menschen sein können, wenn sie glauben, das "richtige Instrument" in der Hand zu haben.

Das Internet ist neutral. Woran soll das Internet "nicht schuld" sein?

Am Hang des Menschen, zur Perfektion zu gelangen. Der Mensch möchte perfekt sein. Das ist per se nichts

Schlimmes, das Streben nach Perfektion, wenn es die persönlichen Eigenschaften, die selbst definierten Merkmale, des Menschen angeht.

Zugleich gilt das auch für Dinge, die ihn umgeben. Die sollen bestmöglich sein: Das Auto, die Haushaltsgeräte, der Fernseher sowieso, das Haus oder die Wohnung, der Urlaub, die Kleidung, das Smartphone und vieles mehr.

Menschen haben den Drang, das Bestmögliche zu sein und/oder zu haben.

Manche betonen das "Sein", andere das "Haben", meist stehen das Sein und das Haben in direkter Beziehung. Eines bleibt allen gemein: Sie wollen das Bestmögliche. Diese Eigenschaft ist ihnen in die Wiege gelegt und wird mehr oder weniger ausgebildet. Das bezieht sich auf Charaktereigenschaften und indirekt auch auf Güter.

Sie bedienen sich des Internets zur Performance ihrer Person. Bestmöglich.

19 Menschen sind sonderbare Wesen.

Menschen sind die einzigen Wesen auf dem Planeten, die mehr wollen.

Jede Tiergattung lebt nachhaltig: Im Einklang mit der Natur. Das einzige "Tier", das die anderen der gleichen Art bekriegt, den Planeten plündert und die Atmosphäre vergiftet, ist der Mensch. Es ist der vernunftbegabte Mensch.

Es gibt keinen schlüssigen Nachweis dafür, weshalb Menschen zum Spaß sich bekriegen, doch es ist so. Bis vor etwa 300 Jahren, ist Gras über die Toten gewachsen. Das ist auch heute noch so. Aber vor ungefähr 300 Jahren haben die Menschen angefangen, die Erde zu bekriegen. Sie haben die Erde bekriegt, indem sie Rohstoffe in einem Unmaß entnommen haben. Sie haben die meisten davon, umgewandelt in Abgase, in der Atmosphäre abgelagert.

Sie haben Massenvernichtungswaffen entwickelt. Seit 1945 verstrahlen sie zudem das Umfeld von Menschen für Tausende von Jahren. Die Atombombe, generell Kernwaffen, die verlieren – in menschlichen Zeiträumen gedacht – ihre Wirkung nie.

Im Moment ist der Homo politicus (Aristoteles) dabei, sich mit Worten und Waffen zu bekriegen. Wie lange das mit Worten noch gut, besser gesagt, schlecht geht, weiß niemand. Das permanente Bekriegen mit Waffen trifft fast immer die Zivilbevölkerung, also unbeteiligte Männer, Kinder, Frauen, Alte – und hinterlässt verbrannte Erde. Moderne Völkerwanderungen sind die Folge.

Je älter ich werde, umso mehr geht mir das Lied, gesungen in den 60ern von Marlene Dietrich, und in den 70ern von Joan Baez, unter die Haut: "Sag' mir wo die Blumen sind.", oder, "Where have all the flowers gone."

Besser könnte man den Irrsinn nicht ausdrücken und emotionalisieren.

Die Menschen sind sonderbare Wesen. Sie sind klug, sie wissen, wie's ginge, gegenzusteuern. Aber keiner geht, um's zu tun. Sie sind töricht, es nicht zu tun. Sie sind klug und raffgierig und kein bisschen weise. Wären sie weise, dann wüssten sie, dass sie ihre Lebengrundlage und die der nachfolgenden Generationen nicht aufs Spiel setzen dürfen. Eigentlich müsste es der permanente Wetteifer, der die Menschen auszeichnet, mit sich bringen, dass der schnellst-beste Weg zum Frieden das Ziel ist. Stattdessen herrscht die Devise, nach mir die Sintflut.

Menschen sind sonderbare Wesen.

Das Motto "schneller, weiter und höher", das kannten schon die alten Griechen. Sie hatten bei ihren Wettkämpfen das olympische Ethos vorne angestellt.

Das miteinander Wetteifern, liegt im Blut oder in den Genen. Das ist auch gut so.

Das werden die Sklaven im alten Rom anders gesehen haben. Die Römer hatten das Motto weiterentwickelt, indem sie Sklaven gegeneinander oder gegen Tiere kämpfen ließen – zu ihrer Unterhaltung.

Der Wettstreit mit Tötungsabsicht ist der Unterschied zu den Tieren. Der pauschale, der Wettstreit an sich, kann friedliche und feindliche Facetten haben. Die friedlichen versteh ich sehr gut, die feindlichen, die bleiben mir unerschlossen.

Der vernunftbegabte Wettstreit ist philosophisch. Der Mensch ist verschieden!

Der friedliche Wettstreit dient dazu, dass die Menschen sich weiterentwickeln.

Sie sehen, dass Rollen besser geht, als Rutschen, und erfinden das Rad.

Sie reisen langsam und beschwerlich, und wetteifern, wer das Auto zuerst baut.

Sie mühen sich mit Lasten ab, und wetteifern, wie fahrende motorisierte Wagen das übernehmen können.

Sie sehen die Vögel, und wetteifern, wie der Mensch fliegen kann.

Sie wollen aber auch viele Menschen auf einmal töten, und bauen Atombomben...

Die Verbraucher wiederum, setzen die gleiche Eigenschaft ein: Sie wetteifern um Konsumgüter. Sie streben nach Einzigartigkeit, nach Superlativen. Man könnte jetzt das alte Thema wieder aufgreifen, "Sein" oder "Haben". Ich möchte das den Philosophen überlassen. Das ist ähnlich, wie das Henne-oder-Ei-Problem.

Ich will's pragmatisch angehen.

Viele Menschen streben nach Geltung, Reichtum und Macht. Wie weit sie dafür gehen, sei dahingestellt.

Die Ursache ist entscheidend. Aus meiner Betrachtung ist eine Mischung aus Egoismus, Hedonismus und Narzissmus für die Neigung, zu Geltung, Reichtum und zu Macht zu gelangen, verantwortlich.

Um nicht falsch verstanden zu werden: In Fällen, wo das so ist, ist die Mischung verantwortlich! Dass es diese Fälle gibt, wird niemand bezweifeln.

Über die Häufigkeit und die Zunahme, könnte man streiten. Das liegt mir fern!

Die Menge hat zugenommen, könnte man salomonisch sagen. Diese "Menge" einzuschätzen, hängt auch von der Perspektive ab.

Schließlich sind wir wieder beim Thema: Nie war es leichter zu Geltung, Reichtum, und Macht oder zu Schein-Geltung, zu Schein-Reichtum oder Schein-Macht zu gelangen.

Wodurch? Durch das Internet, das gebraucht wird, das missbraucht wird.

Überall da auf der Welt, wo Menschen sind.

Das Internet ist das Medium, dessen sich jeder bedienen kann. Entweder zur harmlosen Versendung einer Mail, oder zur Wissenserweiterung, oder zum Posten einer Hass-Nachricht, oder zum Zwitschern von Fake-News – das Internet ist wie Beton: Es kommt darauf an, was man damit macht!

Andererseits bedienen sich auch die Internet-Nutzer-Nutzer, also die "hinter dem Internet", mithilfe der Speicherung und Ausspionierung der Internet-User. Manche wissen davon und behaupten, es mache ihnen nichts aus. Manche wissen davon und können nichts machen. Manche wissen nichts davon.

Schließlich kann man auch mit dem Internet unvorstellbare Profite erzielen.

Das Internet ist universell.

Die Menschen sind sonderbare Wesen.

20 Die Smartapokalypse?

Mir geht ein Bild nicht mehr aus dem Kopf, wenn ich an das Jahr 2027 denke:

Ein mit digitaler Geschwindigkeit fahrender ICE, der ungebremst auf einen Abgrund zufährt. Der Lok-Führer reagiert nicht. Er sieht den Abgrund nicht.

Die unkontrollierte Digitalisierung wird 2027 solche Formen angenommen haben, dass sie nicht mehr zu regulieren ist. Still, unheimlich still, legt sie sich um die Erde.

Wenn jetzt, wo alle nach Digitalisierung rufen, nicht die vernunftbegabten Menschen, die es ohne Zweifel gibt, der Vernunft den Vorrang geben, dann ist es 2027 so weit:

Die Smartapokalypse ist da.

Wem das übertrieben scheint, der erhält Wegmarken der Smartapokalypse: China bis 2020, Russland bis 2025, Indien, bisher noch kaum erwähnte digitale Großmacht, bis 2025, Amerika – für mich hat die Smartapokalypse da schon begonnen. Da haben mehr als 50 Prozent den Nachweis bereits erbracht: Mit der Wahl Trumps zum Präsidenten hat die digitale Apokalypse, die Smartapokalypse, ihren Anfang genommen.

In Deutschland könnte es 2027 so weit sein – wenn die Vernunft nicht siegt. Wenn wir jetzt die Regulierung der Digitalsierung nicht beginnen, steht Deutschland 2027 Amerika, Russland und China in nichts mehr nach. Wollen wir das?

Die Merkmale, an denen ich die Smartapokalypse festmache:

Völlige Abhängigkeit vom Smartphone (steht vor allem für private digitale Anwendungen) von mehr als 70 Prozent der Menschen ab Jugendalter.

Ethische Werte wie Verantwortung, Vertrauen, Verlässlichkeit, ehrenamtliches Engagement, Zuverlässigkeit, Hilfsbereitschaft, Wahrhaftigkeit, u. v. m. sind obsolet geworden.

Sie werden durch digitale Werte ersetzt: Verantwortung nur für sich, Vertrauen nur, wenn's passt, Verlässlichkeit nur, wenn's keine Umstände macht, Ehrenamt nur, wenn es einen Gegenwert dafür gibt, Zuverlässigkeit nur bis zum Klingelton des Smartphones, Hilfsbereitschaft nur, solange es keine Mühe macht, Wahrhaftigkeit nur, solange sie dem Zweck dient – digitale Werte sind mobil! Die mobilen haben die absoluten Werte abgelöst.

Mindestens 50 Prozent der Menschen sind steuerbar. Sie funktionieren im Sinne ihrer digitalen "Gebieter". Das gilt für den Konsum genauso, wie für die Politik.

Ein Großteil der alten Menschen wird digital gepflegt.

Kinder sind der Digitalisierung hilflos ausgesetzt und werden von Klein an vernetzt erzogen.

In der Arbeitswelt sind mehr als 50 Prozent der Arbeitnehmer Handlanger des Internets: Das Internet kann jetzt denken. (Internet der Dinge, KI)

Der Reichtum wird sich noch mehr konzentriert haben.

Kriege, die zunehmen, werden mit unglaublicher Präzision geführt. (KI)

Die Erde ist erschöpft. Sie steht am Rande eines Infarkts.

Mehr als 50 Prozent sind, aufgrund ihrer Abgestumpftheit, anfällig für politische Scharlatane.

Zusammenfassend kann man sagen, die Smartapokalypse ist 2027 da. Die Smartapokalypse ist für mehr als die Hälfte die Umkehrung des Fiktiven: Nicht wir haben die Digitalisierung im Griff, die Digitalisierung hat uns im Griff.

Die Smartapokalypse ist für mich da, wenn wir die Macht über das Internet ans Internet abgeben haben.

Für mich ist es keine Frage, ob es in Deutschland dann 50 Prozent, 45 Prozent oder 60 Prozent sind. Wir leben globalisiert. Woanders sind die Quoten schon jetzt höher.

Was mir am meisten den Glauben nimmt, dass im Prozess weltweit "noch was zu machen ist", ist die Tatsache, dass es die meisten Chinesen freiwillig tun. Diesen Menschen macht es nichts (mehr) aus, dass sie digital unterdrückt werden. So subtil ist der Sozialismus eingefädelt, dass man ihn nicht mehr als "lästig" empfindet. Er wird nicht mehr als das Joch vergangener Jahre empfunden.

In China ist in zwei oder drei Jahren schon der Großteil vom Sozialismus nach Xis Prägung "überzeugt".

Wem das zu theoretisch, zu konstruiert klingt, ein letztes konkretes Beispiel aus China und dem schwäbischen Stuttgart: E-Sports.

Das Beispiel ist nicht mehr mit der Faszination für das Internet zu erklären.

In China wird's fanatisch gespielt und es breitet sich in anderen Ländern aus. Da wo Langeweile aufkommt, weil vieles schon automatisiert ist, und man schlicht nichts mehr zu tun hat.

Da sitzen, z. B., 20 Spieler in fünf Teams, vor – mit Abstand betrachtet – absolut blödsinnigen, blutrünstigen und grausamen Spielen, an Konsolen.

Das geschieht aber nicht daheim oder in Kneipen – sondern in riesengroßen Hallen oder Veranstaltungssälen. Das Ganze wird auf Megagroßmonitore übertragen. Auf den Rängen sitzen zu Zehntausenden frenetisch tobende Zuschauer. Fanatisierte Fans, die sich benehmen, wie die Zuschauer, damals in Rom, im Colloseum.

Internet-Spiele, der grausamsten Art, auf Riesenmonitoren und die Chinesen kommen in Scharen, um dem beizuwohnen. Nicht um zu spielen, um aufgepeitscht durch Kommentatoren, dem Treiben ekstatisch zu folgen. Sie wissen mit ihrer Freizeit nichts Besseres anzufangen, als dieses dekadente Spektakel. Man könnte sagen, im Gegensatz zum Colloseum, spielen die nur...

Die Gehirnwäsche per Internet hat funktioniert. Diese Szenarien hätten zu gut zu "1984" gepasst. Orwell war mit seinen Fantasien schon weit gegangen. Das hätte seine Vorstellungkraft gesprengt. Noch dazu freiwillig.

China ist jetzt schon reif, für die Smartapokalypse.

Gut, China, das war immer schon ein eigenes Völkchen. Das kann uns nicht passieren.

Kürzlich bin auf die Homepage des VfB Stuttgart gestoßen. Dort steht u. a.:

"Beim eSports geht es darum, wettbewerbsmäßig Computer- oder Videogames im Einzel- oder Mehrspielermodus zu spielen. Der Bereich eSports zeigt ein großes Potenzial und ein rasantes Wachstum auf. Als dritter Bundesligist möchte der VfB im eSports mit Hilfe eines erfahrenen Spielers und eines Shootingstars der Szene auf sich aufmerksam machen, um den Club als auch den Standort Stuttgart im FIFA eSports-Bereich erfolgreich zu etablieren.

Hierfür konnte der VfB in Zusammenarbeit mit der renommierten Agentur STARK eSports GmbH zwei Neuzugänge verpflichten: die beiden professionellen FIFA Pro-Gamer Erhan "Dr. Erhano" Kayman und Marcel "Marlut" Lutz. Bei FIFA Turnieren werden der 27-jährige "Dr. Erhano", auf der Playstation 4, und der 20-jährige "Marlut", auf der Xbox, künftig für den VfB Stuttgart antreten.

Für den Start im eSports konnte der VfB mit fischer, Barmer, Puma und Schunk bereits vier starke Partner gewinnen, die von der Attraktivität und dem Potenzial des eSports ebenfalls überzeugt sind. Durch ihr Engagement wollen diese Partner die digitale Generation mit innovativen Inhalten erreichen. Über die Entwicklung des VfB im Bereich eSports wird fortlaufend über die VfB eSports Social Media Kanäle (Facebook VfBesports, VfB Youtube Kanal, Twitch-Kanal VfBeSports sowie auf www.vfb.de) informiert."

Jochen Röttgermann, VfB Vorstand Marketing und Vertrieb:

"Wir nehmen uns immer wieder neuer Themen und Ideen an, die die Zukunft des VfB Stuttgart bereichern sollen. Der Einstieg in FIFA eSports und damit in einen stetig wachsenden Bereich mit einer extrem interessanten Zielgruppe zahlt auf unseren Kernbereich Fußball ein und stellt eine passende Verbindung in die virtuelle Welt dar. Gaming ist nicht nur bei einem großen Teil der jungen Generation beliebt. Es ist auch im Blickfeld vieler Unternehmen, die damit ebenso wie der VfB Stuttgart auch die Attraktivität der eigenen Marke stärken wollen. Wir freuen uns, dass "Dr. Erhano" und "Marlut" die weiß-roten Farben des VfB Stuttgart im FIFA eSports-Bereich vertreten werden und die VfB Fans begeistern wollen." [14]

Die Website spricht für sich.

"Quod erat demonstrandum", was zu beweisen war.

Das ist kein Kommentar, sondern eine Feststellung: Für mich ist das die Verblödung, die es für die Smartapokalypse braucht. Die Bundesligavereine, die das machen (3), sind sich für nichts zu schade.

VfB bedeutet: "Verein für Bewegungsspiele." Wenn eSports für "Bewegungsspiele" steht, oder auch nur eine Sparte darstellt, dann ist endgültig der Zweck eines Sportvereins auf den Kopf gestellt. Mammon statt Bewegung. Verdummung statt Gemeinschaft. 2018 schon, nicht erst 2027!

---

[14] http://www.vfb.de/de/vfb/aktuell/neues/club/2017/esports-beim-vfb/

Wir leben im Zeitalter des **"Anthropozäns"**. Das Zeitalter der 'Verantwortung des Menschen für die Erde'.

"Der Begriff "Anthropozän" wurde 2000 von dem Nobelpreisträger für Chemie, Paul Crutzen, geprägt. Crutzen stellte in einem Nature-Artikel dar, dass seit 200-300 Jahren der Mensch ganz entscheidend die natürliche Umwelt verändere, zunehmend nicht mehr nur lokal, sondern global. Als wichtigste Veränderung sieht Crutzen den Klimawandel durch die Erhöhung der atmosphärischen Konzentration von Treibhausgasen." [15]

Das hatte ich mir anders vorgestellt – in den 80er und 90er Jahren. Ich bin auch lange Zeit davon ausgegangen, dass das noch was wird, wenn eine Mehrheit die Zeichen der Zeit erkannt hat.

Die Zeichen der Zeit ließen, gerade zum Mauerfall, von einer neuen Aufklärung träumen. Blühende Landschaften. Man hat konkret die Folgen des Sozialismus gesehen und erlebt. Aufbruch in eine neue Zeit. Hoffnung keimte auf, dass man doch aus der Geschichte lernt.

Was wir erleben konnten, war kein Aufbruch zu neuen Werten der Gemeinsamkeit und des Zusammenhalts, sondern des Neids und des Nationalismus'.

Man hat aus dem Zusammenbruch nichts gelernt. Man lernt nichts aus der Geschichte.

---

[15] http://wiki.bildungsserver.de/klimawandel/index.php/Anthro
poz%C3%A4n

Das war die letzte Chance, aus dem Hamsterrad des radikal-kapitalistischen Umgangs mit Energie, Industrie und Umwelt auszusteigen.

Parallel dazu entwickelte sich die Digitalisierung vom bescheidenen Anfang bis zum Internet der Dinge, der Robotik und der Künstlichen Intelligenz.

In dieser Zeit blühten auch der Egoismus, der Hedonismus und der Narzissmus auf.

Einen Zusammenhang mit der Zeit nach dem Zusammenbruch der DDR, möchte ich nicht herstellen. Die digitalen Entwicklungen waren schließlich weltweit. Aber eine Chance zur Neubesinnung wäre es gewesen.

Stattdessen: Digitaler Pragmatismus, den man sich selbst überlässt.

Ich hätte mir eine aufgeklärte Digitalisierung gewünscht.

Dazu ist es nicht gekommen. Man muss sich schon vieler Illusionen hingeben, das Ergebnis nicht zu sehen, oder es sich schönzufärben.

Ich bin nicht enttäuscht. Enttäuschung ist für mich eine Kategorie, die persönliche Gefühle betrifft. Enttäuschung hebe ich mir für private Dinge auf.

Eher entsetzt, dass wir's wieder nicht geschafft haben!

Im Gegensatz zu andern Ländern, hatten wir eine zweite Chance und haben sie nicht genutzt.

Ich befürchte, ich habe die letzte Ära der Einzigartigkeit der Erde in ihrer Diversität erlebt. Eine Erde, voller Wunder. Wunder, die man eigentlich lieben und bewahren müsste.

Wundersam kamen unsere Bienen abhanden, wundersam wird unser Wasser knapp, wundersam werden ständig neue kriegerische Konflikte entfacht, wundersam wird die Schöpfung mit Füßen getreten, wundersame Denkbarrieren verhindern die Aufklärung – wundersame Menschen.

Ich glaube, dass es kein Zurück mehr gibt.

Ich hoffe es dennoch, der Kinder und Jugendlichen wegen.

Meine ärztliche Prognose lautet, dass ich bis dahin nicht mehr leben werde. Ich habe mich schon oft gefragt, warum gerade ich in der Statistik sehr weit oben stehe. Es bleibt eine offene Frage.

Es ist nicht gerade leicht, wenn die Uhr tickt und man sehenden Auges die Bürde der anderen mitbekommt.

Nachwort

Ich möchte noch einmal betonen, dass es nur Gedanken, Schlüsse und Vermutungen zur Materie sind, keinesfalls persönliche Zuordnungen.

Es sei denn, Sie sind Politiker oder Sie stehen einem Konzern vor.

In diesem Fall kann es sein, dass ich Sie angesprochen habe. Das liegt aber in der Natur derer, die in der Öffentlichkeit stehen. Personen, die die Richtung angeben, müssen sich gewahr sein, dass jemand nicht damit einverstanden ist – und das sagt.

Das ist Pluralität.

Ich bitte um Verständnis, falls ich jemandem, der nicht zu beiden Gruppen gehört, zu nahegetreten bin. Das lag nicht in meiner Ansicht.

Ich habe das Thema "Digitalisierung" gespiegelt auf das Jahr 2027.

Die einzigen Anhaltspunkte, die ich hatte, waren das Tempo der Transformation, die Konsequenz, mit der sie vor allem in anderen Ländern forciert wird, die Unbedenklichkeit, mit der wir mit der Technik umgehen und das Diktat des Profits, die diese Entwicklung begleiten.

Meine biografische Situation hat nur insofern mit dem Buch zu tun, dass ich mir einbilde, ganz direkt auf das Problem schauen zu können, ohne Illusionen.

Auch das ist nur eine Annahme.

Wenn es etwas dazu beiträgt, dass man sich über die Gefahren der unkritischen Übernahme der Technik für Kinder etwas mehr Gedanken macht, wäre der Sinn des Buchs erfüllt.

Ganz zum Schluss: Die Digitalisierung ist Fakt, so wie die Dampfmaschine, das Fließband oder die bescheidenen Anfänge des Handys.

Sie bietet viele Vorteile. Lassen Sie uns die Fehler wie bei den anderen Erfindungen nicht wiederholen. Wir haben nur eine Erde.

Ich danke meiner Frau. Sie hat es zwar nicht gut ge-funden, dass ich mich 'damit belaste', hat mich dennoch unterstützt.

Zeitfracht Medien GmbH
Ferdinand-Jühlke-Straße 7
99095 Erfurt, Deutschland
produktsicherheit@kolibri360.de